영광

모든 인간은 하나님의 형상을 닮은 존엄한 존재입니다. 전 세계의 모든 사람들은 인종, 민족, 피부색, 문화, 언어에 관계없이 존귀합니다. 예영커뮤니케이션은 이러한 정신에 근거해 모든 인간이 존귀한 삶을 사는 데 필요한 지식과 문화를 예수 그리스도의 사랑으로 보급함으로써 우리가 속한 사회에 기여하고자 합니다.

GLORY
영광

초판 1쇄 찍은 날 · 2011년 3월 25일 | 초판 1쇄 펴낸 날 · 2011년 4월 1일
지은이 · 밥 소지 | 옮긴이 · 채수범 | 펴낸이 · 김승태

등록번호 · 제2-1349호(1992. 3. 31.) | 펴낸 곳 · 예영커뮤니케이션
주소 · (136-825) 서울 성북구 성북1동 179-56 | 홈페이지 www.jeyoung.com
출판사업부 · T. (02)766-8931 F. (02)766-8934 e-mail:edit1@jeyoung.com
출판유통사업부 · T. (02)766-7912 F. (02)766-8934 e-mail:sales@jeyoung.com

copyright©2011, 밥 소지

ISBN 978-89-8350-755-6 (03230)

값 8,000원

- 잘못 만들어진 책은 교환해 드립니다.
- 본 저작물은 저작권법에 의하여 한국 내에서 보호를 받는 저작물이므로 무단 전제와 무단 복제를 금합니다.

GLORY 영광
WHEN HEAVEN INVADES EARTH

밥 소지 지음 | 채수범 옮김

Member of the
Evangelical Christian
Publishers Association

예영 커뮤니케이션은
복음주의기독출판협회(ECPA)의 국제 회원사로서 기독교 출판을 통하여
세계복음화를 위한 지상 명령의 실현을 위해 동참하고 있습니다.

Original Edition published in English under the title
GLORY by BOB SORGE,
copy right ⓒ 2000 by BOB SORGE
Originally Published in English by OASIS HOUSE

All right reserved.

Korean translation Coypright ⓒ 2011
by Jeyoung Communicaions Publishing House

저작권법에 의하여 한국 내에서 보호를 받는 저작물이므로 무단 전재와 무단 복제를 금합니다.

이 책을 통해서
예배의 가장 높은 목표가 무엇인지에 대해서
새로운 비전을 얻게 되기를 바란다.

영광

| 목 차 |

1. 영광 : 지구의 최종 목적지 | **9**
2. 영광의 정의 | **17**
3. 영광을 맞을 준비 | **27**
4. 하나님의 임재하심으로만은 충분하지 않을 때 | **47**
5. 하나님의 영광은 어떻게 떠나는가 | **63**
6. 하나님의 영광이 나타나지 않을 때 나타나는
   다섯 가지의 끔찍한 일들 | **74**
7. 영광의 세계를 경험하다 | **101**
8. 주의 영광을 내게 보이소서 | **134**
9. 오늘이 바로 그 날이다! | **154**

Chapter 1

영광 :
지구의 최종 목적지

만일 어떤 거대한 유성이나 행성이 불길할 정도로 적막한 어둠의 공간을 뚫고 우주 공간을 날아 가다가 갑자기 궤도의 방향을 바꾸고 방향을 틀어, 지구의 궤도로 진입해 들어와서 대기권을 뚫고 소용돌이를 치며 날아와 떨어져서 지구와 강력하게 충돌을 일으킨다면…

단지 그 어마어마한 무게만으로도 충분한 폭발력을 지니고 있어 전 인류를 쓸어버리고, 우리가 사는 지구를 또 한 번의 빙하기로 뒤 덮게 만들어 버리고도 남을 정도의 충격파가 일어나서 지구에는 대 재앙이 일어날 것이다. 생각만 해도 끔찍한 일이다.

지금 정말로 저기 우주 공간 밖의 어느 궤도에, 그렇게나 파괴적인 힘으로 우리가 살고 있는 지구를 향해서 돌진해 들어오고 있는 천체가 있겠는가? 하나님만이 아실 수 있는 일이다.

과학자들은 지금까지 많은 유성들이 여러 번 지구에 충돌해서 지구의 역사에 많은 영향을 끼쳤을 것이라고 추정하고 있다. 수천 년이 지난 다음에라도 지구가 외계의 천체와 또 다시 충돌할 가능성은 얼마든지 있다.

사실 나는 지금 저 밖에서 어떤 유성이 지구를 향해 돌진하고 있는지의 여부는 잘 모른다. 그러나 나는 유성이 아니라 다른 어떠한 것이 지구가 돌고 있는 궤도로 들어오도록 정해져 있다는 사실은 알고 있다. 그것은 우주 밖의 어디엔가 있으며, 우리의 지구를 향해서 빛의 속도로 날아오고 있다. 그것이 우리가 살고 있는 영역으로 들어와서 폭발한다면, 지금까지 우리가 우리의 실체라고 알고 있는 모든 것들을 다 변화시킬 것이다.

나는 그것이 언제 지구에 도착할지는 모른다. 내가 아는 것은 그것이 확실하게 다가오고 있다는 사실과, 성경은 그것이 임할 시기에 대해서 "속히", "홀연히", "곧" 등이라는 단어로 설명하고 있다는 사실일 뿐이다. 우리의 지구가 돌고 있는 궤도를 향해서 다가오고 있는 이 하늘의 실체는 무엇인가? 한 단어로 말하면 그것은 영광이다. 우리가 살고 있는 이 지구는 어떤 방법으로도 중단시킬 수 없고, 막을 수도 없고, 되돌릴 수도 없을 정도로 분명하게 하나님의 영광과 반드시 충돌할 수밖에 없는 궤도를 따라 돌고 있다.

가나안의 문턱에서

하나님께서는 우리가 하나님의 영광과 충돌하게 될 것이라고 예언해 주셨다. 하나님께서 그러한 사실을 첫 번째로 선포하시던 상황을 살펴보면 아주 흥미롭다. 때는 이스라엘 자손들이 시내산으로부터 출발하여 가나안의 접경 지역에 도착했을 때이다. 그들은 가나안 땅을 정탐해서 정보를 얻기 위해 열두 명의 정탐꾼을 보냈다. 그들 가운데 두 명(갈렙과 여호수아)은 정탐한 땅에 대해서 백성들에게 좋은 곳이라 하며 다음과 같이 보고했다. "갈렙이 모세 앞에서 백성을 조용하게 하고 이르되 우리가 곧 올라가서 그 땅을 취하자 능히 이기리라 하나"(민13:30)

하지만 나머지 열 명은 나쁘게 보고했다. "그와 함께 올라갔던 사람들은 이르되 우리는 능히 올라가서 그 백성을 치지 못하리라 그들은 우리보다 강하니라 하고 이스라엘 자손 앞에서 그 정탐한 땅을 악평하여 이르되 우리가 두루 다니며 정탐한 땅은 그 거주민을 삼키는 땅이요 거기서 본 모든 백성은 신장이 장대한 자들이며 거기서 네피림 후손인 아낙 자손의 거인들을 보았나니 우리는 스스로 보기에도 메뚜기 같으니 그들이 보기에도 그와 같았을 것이니라"(민13:31-33)

이스라엘의 모든 회중들은 이 좋지못한 소식을 듣고 목소리를 높여서 울었다. 그들은 모세와 아론 뿐 아니라 심지어는 하나님께 대해서까지 불평하다가, 지도자를 뽑아서 애굽으로 돌아가자고까지 했다.

여호수아와 갈렙이 백성들에게 무슨 말을 하려고 하자 온 백성들은 그들을 돌로 쳐 죽이자고 말하기도 했다. "여호와의 영광이 회막에서 이스라엘 모든 자손에게 나타나신 것"(민14:10)은 바로 그때였다. 우리는 다른 본문들을 통해서 하나님의 영광은 마치 구름처럼 나타난다는 사실을 알고 있다. 이번에 하나님의 영광이 백성들에게 나타나신 것은 축복이나 은혜의 상징이 아니라, 곧 임할 진노하심을 경고해 주는 전조(前兆)였다. 다시 말하면 이번에 나타나신 하나님의 영광은 이스라엘 백성들에게, 그들에게 곧 문제가 일어날 것이라는 신호를 보내주고 있는 거대한 "조기경보 시스템"이었던 것이다.

하나님의 거룩하신 분노

하나님께서는 대단히 진노하셔서 모세에게 "내가 전염병으로 그들을 쳐서 멸하고 네게 그들보다 크고 강한 나라를 이루게 하리라"(민14:12)고 말씀하셨다. 지금 하나님께서는 아브라함의 후손들에게 5백 년 이상이나 투자하셨던 것을 모두 접어 버리고, 모세로부터 다시 시작하시겠다고 말씀하시는 것이다. 이것은 분명한 제의였다. 하나님께서는 "모세야, 내가 아브라함 대신에 너를 새로운 민족의 조상으로 삼을 것이며, 너의 후손들에 대해서는 아브라함의 후손들에 대해서보다 더 잘 해주겠다."고 하신 것이다. 하나님께서 이렇게까지 진노하신 이유는 여기에 있다. 즉 하나님께서는 친히 그들에게 하나님 자신의 영광을 보여주셨는데, 그들은 아직까지도 믿지 못하고 있었기 때문이다. 그래서 하나님께서 이렇게 말씀하신다. "여호와께서 모세에게 이르시되 이 백성이 어느 때까지 나를 멸시하겠느냐 내가 그들 중에 많은 이적을 행하였으나 어느 때까지 나를 믿지 않겠느냐"(민14:11)

하나님의 계획은 아주 간단했다.

"먼저 내가 나의 영광을 너희에게 보여주겠다."

"그 다음에는 너희를 통해서 나의 영광을 새로 일으킬 민족에게 보여 주겠다."

그러나 그 민족은 하나님의 계획을 거부했다. 막상 하나님의 영광이 그들을 통해서 온 세상에 나타나게 될 시기가 되었을 때는 그것을 거부했던 것이다. 하나님의 영광이 그들에게 임했음에도 불구하고 그들은 그 영광이 그들을 통해서 나타나게 되리라고는 믿을 수가 없었던 것이다. 우리 귀에 아주 익숙한 말처럼 들린다. 그렇지 않은가? 우리도 하나님의 영광이 우리에게 임할 수는 있다고 생각한다. 그러나 그 영광이 우리를 통해서 나타날 수 있다는 사실을 믿는 데는 어려움이 있다. 그러므로 하나님께서는 그들의 불신앙에 대해서 크게 진노하셔서 그들을 모두 멸해 버리시겠다고 말씀하셨던 것이다.

이제 그 자리에 모세가 신속하게 끼어들어서 이스라엘 백성을 위해서 중보하고 나선다. 모세는 여호와께, 만일 하나님께서 이스라엘 백성을 멸해버리시면 이방민족들 가운데서 여호와에 대한 소문이 나빠진다고 말씀드리면서 이렇게 기도한다. "이제 주께서 이 백성을 하나 같이 죽이시면 주의 명성을 들은 여러 나라가 말하여 이르기를 여호와가 이 백성에게 주기로 맹세한 땅에 인도할 능력이 없었으므로 광야에서 죽였다 하리이다"(민14:15-16). 모세는 여호와께 이스라엘 백성들을 위해서 긍휼을 베푸시고 용서해 달라고 간구한다.

하나님의 맹세

이제 하나님께서 하시는 대답을 살펴보자. "여호와께서 이르시되 내가 네 말대로 사하노라 그러나 진실로 내가 살아 있는 것과 여호와의 영광이 온 세계에 충만할 것을 두고 맹세하노니"(민14:20-21) 다시 말하면 하나님께서는 "좋다, 모세야. 내가 이번에는 그들을 용서해 주겠다. 그러나 내가 진정으로…"라고 하시면서 맹세로 확인해 주시는 말씀을 하신다. 하나님께서 성경에서 처음으로 "나의 사는 것과"라는 말로 맹세를 하신다. "내가 살아 있는 것과 여호와의 영광이 온 세계에 충만할 것을 두고 맹세하노니" 하나님께서 이 문제에 대해서 철석같이 굳은 맹세로 강조하신다. 그 어떤 것도 하나님의 결심을 바꾸시게 하거나 약화시킬 수 있는 것은 절대로 없다.

다시 말하면 하나님께서는 "좋다. 만일 이 백성들이 나의 영광의 통로가 되기를 원하지 않는다고 해도 용서해 주겠다. 그러나 모세야 오해하지 마라. 그 일은 반드시 이루어질 것이다! 반드시 나의 영광이 세상에 임하게 될 것이다. 내가 맹세한다. 그리고 단지 나의 영광이 세상에 임하는 것이 아니라, 온 세상이 나의 영광으로 가득하게 될 것이다!" 여러분이여, 하나님의 영광이 임하시고 있다. 우리는 하나님의 영광을 피하거나, 도망칠 수가 없다. 하나님의 영광이 임하고 있다.

하나님의 영광이 임하시고 있다!
온 땅 위의 물이 온 땅을 덮음 같이 하나님의 영광이 온 세상을 뒤 덮으리라는 것은 피할 수 없는 사실이다.

하나님께서는 누구의 말을 듣고 마음의 결심을 바꾸시는 분이 결코 아니시다. 이 일은 천국에서 영원히 확실하게 결정된 일이다. 하나님께서는 온 세상을 자신의 영광으로 잠기도록 하시기로 결심하셨다. 이것은 절대로 취소될 수 없는 일이다. 우리의 준비와는 하등의 상관없이 그 일은 이루어질 것이다. 하나님의 약속이다.

이 책의 내용 조감도

하나님의 영광은 무엇인가?
하나님의 영광이 임하는 것은 어떤 모습이겠는가?
하나님의 영광이 임하시는 것을 위해서 우리가 준비할 수 있는 일은 무엇이겠는가?
하나님의 영광이 임하시는 것을 돕거나 방해할 수 있겠는가?

우리가 앞으로 이 책에서 살펴볼 내용은 바로 위와 같은 문제들이다. 우리는 하나님의 영광을 깊이 사모하는 존재들로 지으심을 받았다. 하나님의 영으로 생명을 가지게 된 인간의 영은 지금 여기에 하나님의 충만하신 영광이 임하기를 간절히 사모한다. 나는 그러한 갈망과 소원이 당연한 것이라고 말하고 싶을 뿐 아니라, 여러분에게 그러한 소원의 불길이 더 강해지도록 기름을 부으려고 한다. 나는 하나님께서 나의 마음에 불로 새기듯이 각인시켜주신 통찰력을 통해서, 여러분도 그리스도의 얼굴에 있는 아름다움에 대해서 새롭게 깨어나서, 하나님께서 친히 그 영광으로 여러분의 인생과 교회와, 당신이 영향을 미칠 수 있는 범위 내에 있는 모든 곳에 찾아오실 것이라는 확신으로 충만해 지기를 기도한다. 하나님의 영광이 바로 여러분에게 임할지어다.

Chapter 2

영광의 정의

성경에서 "영광"이란 간단하게 정의하기가 어려운 용어이다. 그러므로 우리가 분명하게 제시해 볼 수 있는 첫 번째 질문은 "당신이 영광이라는 단어를 사용할 때는 무슨 의미로 그렇게 말하는가? 하나님의 영광이란 무엇인가?" 하는 것이다. 이것은 우리가 하나님의 영광에 대해서 조금이라도 더 이야기 해 나가기 전에 반드시 대답해야 할 필요가 있는 중요한 질문이다.

영광이란 지금도 많은 사람들이 분명하게 이해해보려고 애쓰고 있으며, 약간은 어렴풋하여, 손으로 꽉 잡혀지듯이 분명하게 파악될 수는 없는 신비한 개념이다. 더구나 성경에서는 영광이라는 단어를 아주 다양한 의미로 사용하기 때문에 그 개념을 정의하는 일은 더 어렵다. 내가 영광이라는 단어를 사용할 때 어떤 의미로 사용하는지를 설명하기 전에, 먼저 내가 영광이라고 할 때 하려는 말이 아닌 것은 무엇인지를 분명하게 말해 보려고 한다.

하나님의 영광이라는 광대한 주제를 다루는 것은 너무나 큰일이기 때문에 이 작은 책에서 그 문제를 완전히 다루어 보겠다는 것은 감히 시작도 할 수 없는 일이다. 그래서 우리는 하나님의 영광 한 가지 부분에 대해서만 초점을 맞추려고 한다. 이 장에서는 성경에서 영광이라는 용어가 사용되는 다양한 용례들을 조사해 보고, 그 광대한 범위들 가운데서 우리가 이 책에서 초점을 맞추고 살펴볼 내용을 구체적으로 확정하도록 하겠다.

먼저, 성경에 나오지만 이 책에서는 다루지 않을 "영광"의 다양한 용례들이 무엇인지를 살펴보겠다. 아울러 이 장의 끝부분에서는 우리가 이 책을 통해서 살펴볼 영광의 정의가 무엇인지로 폭을 좁혀 보겠다. 성경에 나오는 "영광"의 다양한 쓰임새는 다음과 같다(중요: 이 장에서 사용되는 정의들은 저자의 개인적인 정의이다.).

동사로서의 영광

"영광"이라는 단어가 동사로 나올 때는 명사로 사용될 때와는 그 의미가 아주 다르다(이 책에서 명사로 사용될 때는 대문자로 "Glory"로 사용하겠다. 그러나 동사로 사용한다고

해서 반드시 소문자 "glory""로 표기하지는 않겠다.). 성경에서 "영광"이라는 동사(the verb to glory)가 사용될 때에는 일반적으로 두 가지 의미를 지닌다.

1. To glory(譯註-한글로는 '영광스럽게 생각하다'가 가장 좋은 의미이다) : "기뻐하다"("to delight in")

성경은 우리에게 "그의 거룩한 이름을 자랑하라"("Glory in His holy name", 시105:3)고 명령한다. 이 경우와 비슷한 다른 경우들에서 "영광"이라는 동사는 "기뻐하다, 한껏 기뻐하다, 기쁨을 얻다" 등을 의미한다. 이런 의미로 사용되는 경우는 부모가 자녀들이 뛰어 노는 것을 보면서 기뻐한다(to glory in)고 말하는 경우이다. 가족들 사이에, 부모는 자기의 자녀들이 자신의 자녀들인 것을, 자녀들은 자기의 부모님들을 자기의 부모님들인 것을, 서로 간에는 형제인 것을 기뻐하고 누린다. 마찬가지로 우리가 하나님의 거룩하신 이름을 기뻐할 때는(to glory in) 하나님을 누리고 기뻐하는 것이다.

2. To glory : 자랑하다(to boast in), 자랑스럽게 생각하다(to take pride in)

내가 어떤 것에 대해서 자랑하거나, 자랑스럽게 생각한다는 의미에서 영광이라는 개념을 생각할 때는(of glorying) 방금 막 아주 중요한 경기에서 승리한 스포츠 팀에 대해서 뽐내며 축하하는 모습을 상상한다. 그 팀은 자신의 승리에 대해서 자랑스럽게 생각한다(to glory in its victory)고 말할 수 있다. 이 "영광"이라는 단어가 이러한 의미로 사용되는 경우는 많은 성경 구절에서 발견되지만 여기서는 두 곳만 인용해 보기로 하겠다.

* "자랑하는 자는 주 안에서 자랑할지니라"(고후10:17)
* "여호와께서 이와 같이 말씀하시되 지혜로운 자는 그의 지혜를 자랑하지 말라 용사는 그의 용맹을 자랑하지 말라 부자는 그의 부함을 자랑하지 말라"(렘9:23)

이 두 구절에서 자랑할 유일한 내용은 우리가 하나님을 안다는 사실이라고 선언하고 있다. 우리는 하나님을 자랑한다(We glory in God).

이것이 동사로서 "영광"(glory)이라는 단어가 일반적으로 사용되는 두 가지 용례이다. 성경에 "영광"(glory)이 동사처럼 보이는 경우들이 많이 있지만, 이 책에서는 그러한 용례들은 살펴보지 않겠다. 이제는 명사로서의 "영광"(Glory)에 대해서 살펴보기로 하자.

명사로서의 영광

나는 성경에서는 명사로 사용되는 영광이 네 가지로 서로 다르게 사용되고 있다는 사실을 발견한다. 우리는 먼저 처음

세 가지 경우를 살펴보고, 이 책의 나머지 장들은 전적으로 모두 네 번째로 나오는 영광의 원리에 대해서 살펴보기로 하겠다.

1. 영광 : "명예, 평판, 위엄, 찬양"
성경에서는 사람과 하나님의 위엄과 명예를 표현하기 위해서 영광이라는 표현을 사용한다. 사람의 영광이 있고 하나님의 영광이 있다. 성경에서 영광을 이러한 용례로 사용하는 몇 가지 경우들은 다음과 같다.

a. 사람의 영광
* "내 영광아 깰지어다 비파야, 수금아, 깰지어다 내가 새벽을 깨우리로다" (시57:8)
(다윗은 하나님께서 자신에게 주신 영광에게 깨어나라고 말하고 있다. 그것은 다윗 자신이 쓴 존귀의 영광으로 하나님께 영광을 돌리기 위해서이다.)
* "그를 하나님보다 조금 못하게 하시고 영화와 존귀로 관을 씌우셨나이다" (시8:5)
(하나님께서는 인간을 자신의 형상으로 창조하심으로써 인간에게 세상의 그 어느 피조물보다 훨씬 뛰어난 심오한 차원의 위엄의 옷을 입혀 주셨다.)

b. 하나님의 영광 : (이러한 용례는 성경에서 가장 흔하게

사용되는 영광에 대한 용법으로서, 하나님 자신의 명예와 찬양과 명성을 이야기 할 때 나오는 표현이다.)

* "나는 여호와이니 이는 내 이름이라 나는 내 영광을 다른 자에게, 내 찬송을 우상에게 주지 아니하리라"(사 42:8)

(하나님께서는 자신의 이름의 명예와 명성을 그 어느 사람이나 무엇과도 나누어 공유하지 않으실 것이다.)

* "여러 나라의 종족들아 영광과 권능을 여호와께 돌릴지어다 여호와께 돌릴지어다"(대상16:28)

(여기서 여호와께 영광을 돌린다는 것은 여호와의 뛰어나심에 대해서 찬양과 존귀를 돌려 드린다는 것을 의미한다.)

* "서로 불러 이르되 거룩하다 거룩하다 거룩하다 만군의 여호와여 그의 영광이 온 땅에 충만하도다 하더라"(사 6:3)

(온 땅은 하나님께 드리는 존귀와 찬양을 쉬지 않고 선포해 주는 자연적인 아름다움으로 충만하다. 여기에는 중요한 차이가 없다. 온 땅은 하나님께 드리는 존귀와 찬양이라는 의미에서의 하나님의 영광으로 충만하기 때문이다. 그러나 이 세상은 우리가 영광의 네 번째 정의에서 살펴보려고 하는 의미에서의 하나님의 영광으로는 아직 충만하지 않다.)

2. 영광 : "축복과 권능과 생명을 주심"

어떤 경우에 영광은 하나님의 놀라우신 권능을 표현하기 위해서 사용되기도 한다. 영광의 이러한 두 번째 의미에 대해서 영광이 채워주시는 하나님의 권능을 말하기 위해서 사용되는 성경 본문 두 곳을 살펴보기로 하겠다. 사실 다음과 같은 본문에서 "영광"은 문맥상으로 볼 때 거의 "권능"으로 번역될 수도 있다.

* "그리하면 네 빛이 새벽 같이 비칠 것이며 네 치유가 급속할 것이며 네 공의가 네 앞에 행하고 여호와의 영광이 네 뒤에 호위하리니"(사58:8)

(여기서 이사야는 하나님의 영광을 하나님의 백성들을 보호하기 위한 권능으로 설명하고 있다.)

* "내게 주신 영광을 내가 그들에게 주었사오니 이는 우리가 하나가 된 것 같이 그들도 하나가 되게 하려 함이니이다"(요17:22)

(예수님께서는 믿는 사람들 안에서 진정한 연합과 하나 됨이 생겨날 수 있는 능력이 되게 하시기 위해서 우리에게 자신의 영광을 주셨다고 말씀하셨다.)

3. 영광 : "하나님의 광대하신 신격이 퍼져나가는 영역으로서의 천국"

영광이라는 단어의 세 번째 용례에서 영광이라는 표현은 실제로 우리가 사용하는 "천국"이라는 단어와 교차사용이

가능한 표현이다. 하나님 백성들의 영원한 목적지는 영광, 즉 천국으로 정해져 있다. 천국은 영광의 장소이다. 천국의 영광은 바로 하나님의 신격으로부터 나온다. 태양이 에너지와 빛을 내 뿜듯이, 하나님께는 영광이 넘쳐 흐른다. 하나님의 모습은 마치 세차게 타오르는 화염과 같아서, 하나님의 화염 같은 신격이 방출되어 나오는 것을 영광이라 한다. 천국은 하나님의 영광이 가득 하게 스며들어가 있는 곳이며, 하나님의 영광에 의해서 유지된다. 영광은 천국의 공기이다. 천국에서 하나님의 영광은 여러분이 바로 지금 앉아 있는 의자보다도 더 구체적인 실체이다. 하나님의 영광은 궁극적인 실체이다. 하나님의 영광은 그분의 위엄 있는 얼굴의 무한한 아름다우심과 찬란함이 눈에 보이도록 나타난 실체이다.

다음의 성경 본문들은 그러한 영광에 대해서 말해주는 많은 구절들 가운데 세 곳이다.

* "주의 교훈으로 나를 인도하시고 후에는 영광(천국)으로 나를 영접하시리니" (시73:24)
* "그 사방 광채의 모양은 비 오는 날 구름에 있는 무지개 같으니 이는 여호와의 영광의 형상의 모양이라 내가 보고 엎드려 말씀하시는 이의 음성을 들으니라" (겔1:28)
* "크도다 경건의 비밀이여, 그렇지 않다 하는 이 없도다 그는 육신으로 나타난 바 되시고 영으로 의롭다 하심을 받으시고 천사들에게 보이시고 만국에서 전파되시고

세상에서 믿은 바 되시고 영광 가운데서 올려지셨느니라"(딤전3:16)

이제 명사로 나오는 영광이라는 표현에 대한 네 번째 용례이다.

4. 영광 : "하나님의 실체가 인간의 영역으로 강력하게 진입해 들어옴"

이 책에서 살펴보려고 하는 것이 바로 이 마지막 번째의 특별한 영광이다. 성경에서 "영광"이라는 단어가 이러한 마지막 번째의 의미로 나올 때에는 하나님께서 천국에 영원히 있는 자신의 영광을 자연계와 영적인 세계를 가로막고 있는 베일을 뚫고 내보내셔서, 우리의 시간과 공간에서 하나님의 위엄으로 가득한 아름다우심과, 그 찬란한 광채를 드러내 보이시는 하나님의 행위를 설명하기 위해서 사용되는 경우이다.

지금은 천국에 있는 영광이 우리의 자연계로 진입해 들어와서, 우리의 인류가 갑자기 하나님의 임재하심의 능력과 권능에 대해서 눈을 뜨며 깨어나게 될 시대가 다가오고 있다. 다음과 같은 성경본문들이 바로 이와 같은 영광에 대해서 말해 주고 있다.

* 이는 물이 바다를 덮음 같이 여호와의 영광을 인정하는 것이 세상에 가득함이니라"(합2:14)
* "또한 모든 나라를 진동시킬 것이며 모든 나라의 보배가 이르리니 내가 이 성전에 영광이 충만하게 하리라 만군의 여호와의 말이니라"(학2:7)
* "여호와의 영광이 나타나고 모든 육체가 그것을 함께 보리라 이는 여호와의 입이 말씀하셨느니라"(사40:5)

이제 마지막 네 번째 영광, 즉 하나님의 실체가 인간의 영역으로 진입해 들어오는 문제에 대해서 살펴보기로 하자.

Chapter 3

영광을 맞을 준비

지금 우리가 살고 있는 지구에는 하나님의 영광이 막 임하려고 한다. 그런데 실상 우리는 영광에 대해서 거의 준비가 되어 있지 않다. 우리는 그 영광이 임하면 어떤 일이 일어날지에 대해서도 전혀 모르고 있다. 따라서 우리는 우리가 그 일에 대해서 얼마나 준비가 되어있지 못한지에 대해서도 전혀 모르고 있다.

그러나 하나님께서는 친히 우리를 자신이 보내실 영광을 위해서 준비시키시기로 하셨다. 2천 년 전에 예수님께서 오실 때에도 하나님의 백성들은 하나님의 영광을 위한 준비가 되어있지 않았다. 그래서 세례 요한을 그리스도의 얼굴 보다 먼저 보내셔서 길을 예비하게 하셨었다. 마찬가지로 하나님께서는 마지막 시대에 쏟아 부어 주시는 엄청난 영광을 경험할 세대를 준비시키시기 위해서 엘리야를 다시 보내 주시겠다고 약속하셨다(막9:12).

이사야는 요한이 어떠한 사역을 통해서 백성들의 마음을 준비시킬 것인지를 보여 준다.

"외치는 자의 소리여 이르되 너희는 광야에서 여호와의 길을 예비하라 사막에서 우리 하나님의 대로를 평탄하게 하라 골짜기마다 돋우어지며 산마다, 언덕마다 낮아지며 고르지 아니한 곳이 평탄하게 되며 험한 곳이 평지가 될 것이요 여호와의 영광이 나타나고 모든 육체가 그것을 함께 보리라 이는 여호와의 입이 말씀하셨느니라"(사40:3-5)

위의 본문은 하나님께서 이제 곧 임하는 영광을 위해서 하나님의 백성들을 어떻게 준비하시는지를 보여주고 있다. 하나님께서는 이스라엘 백성들의 마음의 골짜기를 메우시고, 높은 곳을 낮아지게 하시며, 굽은 곳을 곧게 만드시고 거친 땅을 평탄하게 만드심으로써 그들의 마음에 넓은 대로를 만드신다. 이런 일들은 모두 하나님께서 인간의 마음에 역사하셔서, 하나님께서 우리를 찾아오실 준비를 시켜 주시는 일이다. 이제 각 구절을 하나씩 살펴보기로 하자.

광야에서 외치는 자의 목소리(THE VOICE OF ONE CRYING IN THE WILDERNESS, 광야에서 우는 자의 목소리)
하나님께서는 요한을 광야로 데려가셔서 그의 목소리(메

시지)를 준비시키셨다. 이러한 원칙은 지금도 마찬가지로 적용된다. 하나님의 목소리를 듣기 위해서는 광야로 가야 한다. 목소리를 듣고 싶어 하는 사람들 가운데 신학교로 가는 사람들도 있다. 그러나 신학교는 목소리를 얻는 곳이 아니다. 신학교는 메아리를 만들어 내는 곳이다(그들이 여기저기서 들은 목소리로 많은 메아리들을 만들어 낼 수 있는 곳이다). 세례 요한은 자신의 목소리를 가지기 위해서 광야로 가야했다. 목소리를 만들어 내기 위해서는 광야의 외로움과 처량함(forsakenness)이 있어야 한다.

하나님께서는 자신의 종들 가운데 몇몇 사람들을 이 시대를 위한 목소리로 무장시켜 주시기 위해서 광야로 보내서 외로움과 처량하게 버려진 시간을 보내게 하실 것이다. 하나님께서는 교회가 자기에게 임할 영광을 맞을 준비하는 것을 도와주시기 위해서 그러한 종들에게 메시지를 주실 것이다. 그들은 마지막 시대에 하나님의 신부들에게 하나님의 마음을 선포해 주는 입이 될 것이다.

영광을 경험할 하나님의 백성들을 준비하기 위해서 메시지를 가진 입이 된다고 하는 것은 약간 감상적인 것처럼 들릴 수도 있다. 그러나 우리가 하나님께서 우리를 광야로 지나게 하시는 동안에 그러한 목소리를 모으고 준비하기 위해서는, 과거와는 다른 정도로 특별하게 하나님의 목적에 집중하는 것이 필요하다.

광야의 정의는, 그곳의 생활 조건이 대부분의 사람들이 매일 살아가는 생활 방식에는 전혀 도움이 되지 않기 때문에 그곳에 가서 살려고 하는 사람들이 별로 없는 곳이다. 따라서 그곳은 외로운 곳이요, 억지로 갇혀 지내는 것 같은 곳이요, 개인적으로 불편하고, 사회적으로 추방을 받는 곳이며, 주위에 우호적인 사람들이 없는 환경일 수도 있다. 그러나 그곳은 하나님께서 자신의 사람들을 만나 주시는 곳이다. 또한 그곳은 영적으로 심오한 사람을 만드시기 위해서 일대일로 만나는 곳이다. 바로 이곳이야 말로 하나님께서 도서관이 아니라 그 사람의 삶 가운데서 형성되는 메시지를 주시는 곳이다.

세례 요한에게는 그를 지도해 줄 멘토가 없었다. 엘리야도 마찬가지였다. 이 점에 있어서는 욥이나, 아브라함이나, 야곱이나 요셉, 모세, 나오미, 다윗, 바울도 마찬가지이다. 당신은 혼자 광야 생활을 해나가야 한다. 그것은 "한 사람의" 목소리(voice of "one")이다. 다른 사람의 목소리가 아니라 바로 당신과 하나님의 목소리이다. 하나님께서는 광야를, 당신이 그곳을 지나는 동안에 아무도 당신에게 지도자 역할을 해줄 사람이 없는 외로운 곳이 되도록 계획하셨다. 그곳은 당신이 가지고 있는, 당신만이 경험하는 사막의 메마름에 대해서 다른 어느 누구도 해답을 가지고 있지 않는 곳이다. 당신은 혼자이다. 한 세대를 향하여 주시는 메시지를 받은 사람들은 멘토링 관계를 통해서 메시지를 받은 것이 아니라, 광야의 적막함을 통해서 메시지를 발견한다.

하나님께서 당신에게 메시지를 주시기 위해서는 먼저 다른 목소리들을 모두 잠잠하게 꺼버리신다. 물론 연구를 하고 책을 읽으며, 많은 목소리들로부터 들어야 할 때가 있다. 그러나 책들을 옆으로 밀어두고, 하나님과만 독대하는 시간이 온다. 하나님의 사람들은 다른 어떤 것이 아니라 말씀과 성령님으로만 배우며 자신의 모습을 만들어 나가기 시작한다.

그러한 여정은 길고 힘들다. 그것이 바로 그 사람의 목소리를 "외치는"(crying, 우는) 자의 목소리라고 말하고 있는 이유이다. 울음이란 고통의 표현이다. 외로움 자체가 고통의 원인이 되기도 한다. 광야라는 시련의 도가니는, 그곳에서 흐르는 눈물과 함께, 그 사람의 마음 속 깊은 곳에서 그 어떤 저항이나 슬픔 등이 찾아온다고 하더라도 절대로 사라지지 않는, 깊은 울음을 탄생시키게 된다. 바리새인의 협박도 이런 사람들의 입을 침묵시키지 못한다. 이런 울음이 논쟁거리가 되는 경우도 있지만, 이러한 울음은 사람들로 하여금 하던 일을 멈추고 들을 수밖에 없도록 만들어 준다. 그가 전하는 메시지는 하나님의 영광이 임하는 길을 예비하기 위해서 회개하라고 부르짖는 소리가 될 것이다.

그 목소리는 뭐라고 말하는가?

여호와의 길을 예비하라

그 목소리는 "준비하라, 영광의 주님이 임하신다!"고 울며 외친다. 그렇다면 주님의 영광을 위해서 우리가 준비해야 할 것은 무엇인가? 하나님께서 마음으로 가장 중요하게 생각하시는 것들 중의 하나는 우리가 "여호와의 길"을 알게 되는 것이다.

하나님께서는 언제나 일관성이 있으시며, 자신의 길을 그대로 지키시고 유지하신다. 하나님께서는 인간을 통해서만 일하신다. 그러나 하나님께서는 그런 일이 반드시 하나님의 방식(길)대로 이루어져야만 한다고 말씀하신다. 하나님 나라의 일을 자기 자신들의 방법대로 하려고 하는 사람들은, 곧 하나님께서 더 이상 자기들과 함께 일하시지 않는다는 사실을 발견하게 될 것이다. 하나님께서는 인간 없이 일방적으로 행동하시는 것은 거부하신다. 그 까닭은 인간을 하나님의 일에 참여하게 하시려는 하나님의 의도와 계획을 벗어나는 것이기 때문이다. 그러나 하나님께서는 인간이 하나님의 뜻을 따를 때까지는 역사하지 않으시고 인간 옆에서 그저 기다리신다.

하나님의 길(방법)은 우리보다 우주만큼이나 높기 때문에 (사55:9), 하나님께서 우리를 자신의 뜻에 맞도록 하시기 위해서는 정말로 엄청난 에너지를 사용하셔야 했다. 그래서 하나님께서는 광야를 준비하셨던 것이다. 광야는 우리에게 하나님의 길(방법)의 아름다움과 기이함에 대해서 눈이 뜨이게 하시려고 하나님께서 마련하신 방법이다. 하나님께서 세례 요한을 광야로 불러들이신 것은 요한에게 목소리를 주실 뿐 아니라, 요한의 방법을 하나님의 방법에 맞춤으로써 메시지가 그 메시지를 전달하는 메신저의 죄악들(숨겨진 결점들) 때문에 타협되지 않게 하시려는 하나님의 뜻이었다.

이제 하나님의 때가 되어 광야에서 그러한 선구자의 메시지가 나오게 될 때, 그러한 메시지는 하나님의 백성들이 하나님의 길을 따르는 일에 도움이 될 것이며, 또한 하나님의 영광이 임하실 것에 대해서 예언하게 될 것이다.

사막에서 우리 하나님의 대로를 평탄케 하라

하나님께서는 광야로 돌아다니시기를 좋아하신다(아가서 3장을 보라). 하나님의 목적에 반대되던 인간적인 장애물들이 굶어 죽게 되는 것은 바로 광야에서이다. 장애물이라는 표현은 시기가 좋을 때는 당연한 것처럼 하나님 나라의 활동을 따르려고 하는 듯이 보이는 인간적인 제도나 고안품들에 대해서이다. 제철을 만난 듯 시기가 좋을 때 적합해 보이는 것들은 메마른 계절이 오면 아무런 능력도 발휘하지 못하는 경우들이 많다. 가장 메마른 시기가 오면 우리 인간의 구조들은 시들어 죽게 되며, 그래서 광야는 하나님께서 찾아오시기에 아주 좋은 통로가 된다.

위의 구절에서 "평탄케 하다"에 해당하는 히브리어 단어는 "곧게 되다, 바르게 되다, 똑바로 서게 되다, 좋고 마음에 들게 되다" 등의 의미이다. 잠언 3장 5, 6절에서는 똑같은 히브리어 단어인 야샤르(yashar)가 영어로 "지시, 지도하다"(direct)라는 동사로 번역되어 있다. "너는 마음을 다하여 여호와를 의뢰하고 네 명철을 의지하지 말라 너는 범사에 그를 인정하라 그리하면 네 길을 지도(direct, 즉 '곧게—make straight', 평탄케) 하시리라" 다시 말하면 하나님께서는 자신을 의뢰하는 헌신된 종들의 길을 "곧게, 평탄케" 해 주실 것이다.

원수들은 영광이 자유롭게 흘러 나가는 것을 방해하기 위해서 여호와의 곧은 길을 휘어지게 만들려고 끊임없이 노력한다. 한번은 박수무당 엘루마가 진리를 왜곡시킴으로써 하나님의 나라가 진척되는 것을 방해하려고 했던 적이 있다. 그래서 바울은 엘루마에게 "모든 거짓과 악행이 가득한 자요 마귀의 자식이요 … 모든 거짓과 악행이 가득한 자요 마귀의 자식이요"(행13:10)라고 말했던 것이다.

하나님께서는 자신의 종들이 다른 사람들에게 하나님의 길을 정확하게 제시해서, 그들이 하나님의 길을 범할 때에는 그것을 분명히 구분할 수 있게 해 주는 것을 아주 중요한 일로 보신다. 사람들은 아주 지극하게 옳은 말을 잘못된 방법으로 말해서 하나님의 길을 잘못 보여 줄 수도 있다. 하나님께서는 민족들에게 인류를 향하신 하나님의 뜨거운 마음이 정확하게 전달되기를 질투하실 정도로 간절하게 원하신다. 우리가 하나님의 영광이 임하기를 사모한다면 하나님의 길에 대해서 올바르게 말해 주어야 한다. 이러한 진리를 개인적으로 체득하게 된 사건을 한 가지 말해 주겠다.

여러 해 전에 나는 신체적인 고통으로 인해서 오래 동안 고생하면서 하나님께서 치유해 주시기를 간절히 기도했다.

그러는 중에 어떤 사람은 나에게 "봅, 이 세상에서 자네의 질병이 치유되지 않을 수도 있겠지만, 그렇다고 하더라도, 나중에는 이 병으로 인해서 자네의 삶 가운데서 나타나게 되는 열매들 때문에 이 병이 자네에게 가치가 있는 질병이었다는 사실을 알게 될 것일세." 하고 말했다. 나는 그 친구의 말에 대해서 기도하다가 "주의 바른 길을 굽게 하지 말라"는 말씀이 기억났다. 하나님의 곧은 길은 다음과 같은 것이기 때문이다. 즉 하나님께서는 상하게도 하시지만 다시 싸매주시며, 죽이시기도 하시지만 다시 살리시며, 자신의 백성들을 갇히게 하시기도 하시지만 다시 해방시켜 주시는 분이시기 때문이다. 그래서 나는 하나님의 영광이 나에게 임하시기를 필사적으로 원했기 때문에 주님의 곧은 길을 선포하기로 결단했다. 주님의 올바른 길은 다음과 같은 길이다. 즉, 하나님께서는 이 고통의 도가니를 통해서 나를 깊이 변화시키셨을 뿐 아니라, 하나님의 정하신 시간에, 정하신 방법대로 나를 구원해 주실 것이라는 사실이기 때문이다. 하나님께서 자신의 종들 가운데 어느 한 사람 안에 성품을 만드시기 위해서 고통의 도가니 속에 가두실 때 그분의 가장 큰 목적은, 하나님의 때가 차게 되었을 때는 그 안에 갇힌 사람을 구원하시고, 자유를 주시며, 열매를 더 풍성하게 맺게 해주시기 위한 것이다.

하나님께서 당신을 사막으로 보내신다면, 당신을 사막으로 보내시면서 하나님께서 마음에 가지신 계획은 당신의 마음 속에 거룩의 대로가 생겨나게 하셔서, 그 길을 타고 당신에게 달려오시기 위한 것이다. 나는 이것이 하나님의 옳은 길이라고 확신한다. 그리고 하나님의 길에 대한 나의 이해가 조금이라도 잘못 되었다면, 하나님께서 나의 마음과 생각에 남아있는 모든 잘못되고 비뚤어져 있는 그런 모든 부분들을 다 곧게 바로 잡아 주시기를 간절히 바란다.

골짜기마다 돋우어지며

하나님께서는 우리에게 영광을 준비시키시기 위해서 무엇보다도 먼저 우리들 인생의 모든 골짜기들을 메워 주신다. 골짜기란 우리의 마음 가운데 하나님께 대한 신뢰와 확신으로 채워져야 할 필요가 있는, 낮은 곳을 말한다.

성령님께서 우리의 무능력과, 불안과, 연약함을 채워주시기 위해서 달려오시는 것은 절대적으로 기쁜 일이다. "저는 할 수 없습니다."가 "내게 능력 주시는 자 안에서 내가 모든 것을 할 수 있느니라"로 바뀐다. 더 이상 우리의 불신앙이 하나님께서 택하신 자들의 축복스러운 미래를 삼켜 버리는 골짜기가 되지 못한다. 불신앙의 골짜기는 성령님의 능력으로 말미암아 믿음으로 채워주심을 받아야 한다. 하나님은 우리 편이시다!

나는 성경이 아브라함에 대해서 "그가 백 세나 되어 자기 몸이 —이미— 죽은 것… 같음을 알고도 믿음이 약하여지지 아니하고"(롬4:19)라고 하는 증언으로부터 아주 큰 도전을 받았다. 비록 그의 몸은 (사라와 마찬가지로) 아이를 낳을 수 없을 정도로 무력하게 죽어 있었지만, 자기 몸의 형편을 문제라고 생각하지 않았다. 아브라함은 하나님께서는 친히 하신 약속을 이루실 수 있는 분이라고 믿고, 하나님께서 아들에 대한 약속을 이루어 주실 것을 믿었다. 나는 이 사실로부터 개인적으로 큰 용기를 얻어서 하나님께 이렇게 말씀드렸다. "주님, 주님께서 저를 부르셔서 시키시는 일이라면 모든 일을 다 하겠습니다. 제 몸에 대해서 그렇게 회복되는 것이 불가능하게 보인다고 하더라도 저의 몸의 형편에 대해서는 생각하지 않겠습니다. 저의 자질 없는 모습이나, 무능력이나, 불리한 조건에 대해서도 생각하지 않겠습니다. 단지 주님의 말씀에 그저 순종하겠습니다!"

"골짜기마다"라는 표현은 사람들의 눈에, 특별히 종교적인 기성층에 속한 사람들에 의해서 멸시받는 것을 가리킨다. 하나님께서는 종교제도들에 의해서 멸시 받는 방법을 통해서 자신의 영광을 나타내시기를 기뻐하시는 것 같다. 하나님께서는 약하고 멸시받는 것들에 임하셔서, 자신의 영광으로 존귀한 것으로 만들어 주신다.

교회는 영광이 임할 때까지는 세상에서 멸시받는 성품과 대상들, 즉 검소함, 정절, 내적인 아름다움, 자기를 부인하는 겸손, 기꺼이 섬기려는 마음, 뒤에 서려는 마음 등을 오히려 높고 귀한 것으로 여겨야 한다. 바로 그러한 것들이야 말로 이 시대에 성령님께서 높이시는 가치들이기 때문이다.

산마다, 작은 산마다 낮아지며

하나님께서 낮은 골짜기들을 채워주시는 것보다 더 영광스러운 것은 없으며, 높은 산들을 하나님께서 친히 깎아 내시는 것보다 더 고통스러운 일도 없다. "산마다"라는 표현은 우리 인생 가운데서 하나님께서 얼굴을 드셔서 반대하시는 높은 것들을 가리킨다. 그러한 것들에는 교만, 개인적인 목표들, 야망, 스스로 높임, 자신을 의지함, 스스로 하는 굳은 결심, 거역, 경쟁심 들이 있다. 하나님께서는 화려한 말, 과장, 하나님의 백성들로 하여금 일꾼을 보내신 주인보다, 보냄 받은 일꾼을 더 좋아하게 만드는 강한 카리스마 중심의 리더십 등에 대해서는 얼굴 표정을 바꾸시며 반대하신다.

내가 받은 가장 고통스러운 계시들 가운데 한 가지는, 하나님께서 나에게 내가 목사로서 내 자신의 사역을 세워 나가겠다는 이기적인 생각으로 많은 결정들을 내렸다는 사실을 보여주셨을 때이다. 나는 그렇게 하는 나의 동기들은 순수했다고 생각했다. 그러나 하나님께서는 나의 인생을 충분하게 밝히고 드러내셔서, 나에게 있었는지도 몰랐던 야망과 개인적인 목표가 내 마음에 있다는 사실을 보여주셨다. 나는 갑자기 강력한 사역을 일으키겠다는 음흉한 마음 때문에 내가 우리 지역 사회에 있는 복음을 전하는 다른 교회들에 대해서 야망과 경쟁심을 가지고 활동했다는 사실을 깨닫게 되었다. 그러한 야망적인 요소가 대부분은 순순한 동기들의 작은 단

편에 불과했음에도 불구하고, 아주 작은 누룩이 밀가루 반죽 전체를 발효시키는 것과 마찬가지로 작용하고 있었다. 가장 작은 야망이라도 전체 사역의 색깔을 변하게 할 수 있는 일이었다. 하나님께서는 나의 그러한 부분을 타깃으로 정하시고는 그러한 끔찍스러운 동기를 먼저 나에게 보이시고, 그 다음에는 우리 지역 사회에 있는 목회자들에게 입으로 고백하게 하셨다. 내가 우리 지역 사회의 목회자들에게 나를 위해서 기도해 달라고 요청한 것은 나의 교만의 산을 평지처럼 밀어버리는 중요한 역할을 해 주었다.

또한 "산마다, 작은 산마다"라는 표현은, 개성이 아주 강력한 사역들이기에 사람들은 존경을 하지만, 하나님께서는 그 기초가 잘못된 것을 보시고 무너뜨려 버리실 사역들을 가리키는 것일 수도 있다. 하나님께서는 성령님의 목소리에 복종하는 사역이라기보다는 인간의 창의력으로부터 시작되거나, 사람들의 재능에 따라서 이루어지고 움직이는 사역들에 대해서는 징계하신다.

"산마다, 작은 산마다"라는 표현은 우리의 영광스러운 복음의 진척을 가로 막는 마귀의 진영, 사회학적인 사고방식, 자연적인 장애물들을 가리키는 것일 수도 있다. 하나님의 영광이 우리가 사는 지구에 찾아오시도록 하기 위해서는 하나님을 아는 지식을 반대하여 높아진 모든 것들이 다 무너지고 낮아져야 한다.

고르지 않은 곳이 평탄케 되며(THE CROOKED PLACES SHALL BE MADE STRAIGHT, 譯註—"굽은 곳이 곧게 펴지며")

험한 곳이란 우리가 생각하고 활동하는 방식들 가운데 우리가 생각하기에는 올바르지만(straight) 하나님 앞에서는 그렇지 않은 부분들을 말한다. 요한은 그가 살던 당시의 바리새인들과 종교 지도자들을 "독사의 자식들"이라고 하면서 이 표현을 사용하기도 했다. 뱀은 자기들이 생각할 때에는 목표를 향해서 곧 바로 나가고 있다고 생각한다. 그러나 사실은 도착할 때까지도 구불구불하게 나간다. 뱀이 똑바로 간다는 것은 불가능하다. 뱀의 길은 본질적으로 구불구불하다.

요한은 그 백성들을 "독사"라고 부름으로써 굽은 곳들을 곧게 펴보려고 했다. 이스라엘 백성들은 독사들에 의해서 굽은 길을 가도록 훈련을 받았다. "요한이 세례 받으러 나아오는 무리에게 이르되 독사의 자식들아 누가 너희에게 일러 장차 올 진노를 피하라 하더냐"(눅3:7)

독사들은 불을 무서워하며 도망한다. 그것이 바로 바울이 나무를 불속에 넣다가 독사에게 물린 이유이다(행28:3). 요한은 불의 메시지를 가지고 등장했다. 그래서 독사들이 허둥댔던 것이다. 어떤 의미에서는 요한도 독사에게 물려서 죽었다고도 할 수 있을 것이다. 때때로 주님의 오심을 선포하는 선구자들은 이런 대가를 치르기도 한다. 굽은 길에 손을 대는 일은 위험한 일이 될 수도 있다.

"굽은 곳"이란 우리가 숨기고 있어서 아무도 보지 못하지만 하나님은 보시는 비밀스러운 죄를 말하는 것일 수도 있다. 비윤리적인 경제 행위나, 세금 반환 등의 문제에서 약간이라도 정직하지 못한 처리들이 포함될 것이다. 이러한 문제들이 잠시 동안은 숨겨질 수 있지만, 하나님께서 "더 이상은 안된다!" 하고 말씀하시면서 굽은 곳들을 드러내 보여 주실 것이다. 우리 마음 속에 있는 굽은 곳들은 우리가 은밀하게 정리하든지, 아니면 하나님께서 공개적으로 다 드러나도록 그 문제를 다루실 것이다. 우리가 하나님께서 임하시기를 원한다면 어떤 식으로든지 간에 굽은 곳을 반드시 곧게 펴는 일이 필요하다.

험한 곳이 평지가 될 것이요
(AND THE ROUGH PLACES SMOOTH)

이것은 무엇보다도 다른 사람들과 마찰을 일으켜서 하나님 나라에 역효과를 일으키는 인격과 성품을 가리키는 말이다. 우리 모두의 삶 가운데는 우리 자신의 힘만으로는 변화시킬 수가 없는 거칠고 "험한 부분들"이 있다. 예를 들면 우리의 자아, 분노, 논쟁적인 성품, 자기 합리화 등이다. 하나님께서 이러한 부분들을 우리에게 보여주시기 전까지는 우리가 이러한 죄들을 회개할 수도 없다. 우리 인생의 거칠고 험한 부분들을 부드럽게 만들기 위해서는 전적으로 주님께서 우리를 도와주셔야만 한다. 하나님의 영광을 보려고 한다면 하나님께서 우리를 깨끗케 하시는 불로 연단하실 때에는 하나님께서 하시는 일에 순응하는 것이 절대적으로 필요하다.

하나님께서 우리에게 그리스도의 몸과 아주 가깝고 생명적으로 연결되어 있어야 한다고 강하게 명령하시는 이유들 가운데 하나도 바로 그 때문이다. 우리가 교회 안의 다른 사람들과 접촉하면서, 우리의 삶이 그들의 삶과 부대끼게 될 때에는 마치 "철이 철을 빛나게 하는 것" 같은 일이 일어난다. 하나님께서는 우리의 거친 부분을 갈아서 부드럽게 만드시기 위해서 다른 사람들을 사용하신다. 이 과정이 너무나 중요한 이유는 부드러운 조약돌만이 거인 골리앗의 이마를 정확하게 맞추게 될 것이기 때문이다.

또한 나는 이 "험한 곳이 평지가 될 것이요"라는 말씀을, 우리를 영광으로 인도해 들어가는 역할을 하는 중요한 사역인, 우리의 회중예배에 적용시키고 싶다. 회중 예배의 전체적인 목표는 우리 모두가 다 함께 하나님의 영광 안으로 들어가고자 하는 것이다. 그러나 그곳으로 들어가기 위해서는 "거칠고 험한 곳들"은 "부드럽게" 되어야 한다. 이러한 일이 우리에 대해서는 무엇을 의미하는가?

위의 질문에 대답하기 위해서 다윗이 아비나답의 집에서 언약궤를 가져가는 사건(삼하 6장)을 살펴보고 싶다. 그 이야기의 핵심은 다음과 같다.

> 그들이 하나님의 궤를 새 수레에 싣고 산에 있는 아비나답의 집에서 나오는데 아비나답의 아들 웃사와 아효가

그 새 수레를 모니라 그들이 산에 있는 아비나답의 집에서 하나님의 궤를 싣고 나올 때에 아효는 궤 앞에서 가고 다윗과 이스라엘 온 족속은 잣나무로 만든 여러 가지 악기와 수금과 비파와 소고와 양금과 제금으로 여호와 앞에서 연주하더라 그들이 나곤의 타작 마당에 이르러서는 소들이 뛰므로 웃사가 손을 들어 하나님의 궤를 붙들었더니 여호와 하나님이 웃사가 잘못함으로 말미암아 진노하사 그를 그 곳에서 치시니 그가 거기 하나님의 궤 곁에서 죽으니라(삼하6:3-7)

언약궤는 하나님의 임재하심을 나타낸다. 다윗은 언약궤를 나르기 위한 합당한 순서에 대해서 하나님께 묻지 않았고, 그래서 하나님의 진노하심을 입게 되었다. 다윗은 하나님의 임재하심(언약궤)을 수레에 싣고나서 영광을 경험하기를 기대해서는 안 된다는 사실을 배우게 되었다.

수레는 영광으로 나가는 길을 자동화 과정으로 만들려는 인간의 경향들을 말해 준다. 우리는 우리의 예배에 "힘을 보태서" 하나님의 영광으로 나가보려고 한다. 그래서 우리는 마이크의 볼륨을 올려보고, 찬양의 속도를 더 빠르게 조절해 보기도 하며, 한 음을 높여서 부르거나, 모든 사람들에게 손뼉을 치며 동시에 함성을 지르게 하면서, 이것이 영광에 이르는 길이라고 생각하기도 한다.

다윗에게는 수레가 부드러운 방법으로 보였다. 그게 더 쉬운 일이었기 때문이다. 그러나 하나님께는 울퉁불퉁한 길이었다. 수레가 길가의 돌들과 흙무더기들 위로 흔들거리며 지나갔기 때문에 그 안에 있던 언약궤는 이리 저리 쏠리게 되었다. 요즘 말로 표현한다면 나는 하나님께서 "제발 나를 이렇게 흔들어 대지 마라!"고 말씀하시는 모습이 상상된다.

하나님께서 이미 제시하신 합당한 방법에는 언약궤는 제사장들이 어깨로 메어서 이동해야 한다고 규정되어 있다. 그러나 그것은 제사장들이 따르기에는 번거롭고 귀찮고 덜컹거리는 방법이었다. 그렇게 하기 위해서는 제사장들이 그 길을 따라 한 번에 한 걸음씩 옮길 때마다, 길에 있는 모든 울퉁불퉁한 노면 상태를 다 느끼는 불편을 감수해야만 하게 될 것이다. 그러나 하나님께서는 이렇게 말씀 하실 것이다. "그렇지 않다. 그러한 방법이 너희에게는 울퉁불퉁한 길로 보일 것이다. 그러나 나에게는 부드러운 길이다."

오늘 날에 우리가 예배를 드릴 때에도 그러한 일이 일어난다. 우리에게 부드러운 일이 하나님께는 덜컹거리는 일이 될 수도 있고, 하나님께 부드러운 일이 우리에게는 덜컹거리는 일이 될 수도 있다. 우리가 드리는 많은 "부드러운" 예배들은 성령님의 역사를 경험하는 것이 아니라, 그냥 그 옆을 조용하게 스치며 비켜 지나간다. 이것이 우리는 부드럽다고 생각하지만 하나님께서는 "거칠다"고 말씀하시는 일반적인 증상이다. 그리고 나면 곧 "덜컹거리는" 시간이 온다. 이때는 우리가 하나님께서 무엇을 하고 계시는지도 모르게 되며, 하나님께 예배의 방향과 도움을 부르짖어 구하며, 하나님의 임재하심이 너무나 멀게만 느껴지기 때문에 필사적으로 하나님을 사모하고 갈구하는 때이다. 그런데 하나님께서는 "이제 이 예배야 말로 부드럽구나! 이러한 예배가 바로 내가 좋아하는 예배이다. 네가 아무것도 확실한 것이 없는 절망적인 상황 가운데, 거룩한 절망감으로 나에게 간절히 매달리는 예배 말이다."

위의 사무엘하 본문에서는 언약궤가 "산에 있는" 아비나답의 집으로부터 나온다는 표현이 두 번이나 나오고 있다. 다시 말하면 언약궤는 산으로부터 내려오고 있었다. 수레에 달린 바퀴는 언약궤의 이동을 쉽게 만들어 주었을 뿐 아니라, 산의 경사는 수레가 앞으로 빨리 움직여 나갈 수 있게 해 주었다. 그러나 주님께서는 그 모임의 속도나 추진력에 대해서 감동하시지 않으신다. 이것은 우리에게 아주 강력한 진리를 말해 준다. 즉 회중의 응집력이나 역동적인 활력을 성령님의 역사로 혼동해서는 안 된다는 것이다. 우리가 드리는 어떤 예배들 가운데는 성령님께서 하시는 내적인 일들이 실제로는 거의 없는데도, 겉으로는 아주 활기차며 역동적인 일들이 일어나기도 한다. 우리의 속도가 너무 **빠**를 때에는 주제 넘는 생각을 하기도 한다.

예배 인도자들은, 회중의 마음을 한데 모아서 열정을 표현하는 큰 목소리로 찬양을 하도록 할 수 있을 때에는 만족하기가 쉽지만, 막상 표면적인 활동의 이면을 묶는 영적인 깊이가 부족하다는 사실은 분별하지 못한다. 이럴 때에는 예배의 외적인 활력을 하나님께서 승인해 주시는 증거로 오해하고자 하는 유혹이 찾아오게 된다.

하나님께서는 지금 우리의 가치관을 뒤집으시고, "부드러운 예배"에 대한 우리의 만족감을 공허하고 메마르게 하시며, 우리로 하여금 필사적으로 하나님 나라의 실체, 즉 하나님의 권능과 영광이 진정으로 나타나는 일을 구하게 하심으로써, 울퉁불퉁한 거친 길을 부드럽게 만드시고 계신다. 간절하게 매달리는 필사적인 마음과, 모든 것이 확실하지 않아서 두려운 마음으로 떠는 것은, 우리에게는 울퉁불퉁하고 험한 길이지만, 하나님께는 부드러운 예배가 된다.

그리고 하나님께서 낮은 골짜기들을 메워서 높이시고, 높은 산들을 깎아서 평탄하게 하시며, 굽은 곳들을 곧게 펴시고, 거칠고 험한 곳을 부드럽게 하시는 이유가 무엇이겠는가? 그것은 모두 "여호와의 영광이 나타나시기" 위해서이다. 하늘이나 이 세상이나 지옥 그 어떤 것도 하나님의 영광을 막을 수 있는 것은 없다. 하나님의 영광은 반드시 온 땅에 나타날 것이다!

이사야는 계속해서 이러한 영광이 임하면 "모든 육체가 그것을 함께 보리라 대저 여호와의 입이 말씀하셨느니라"고 말한다. 너무 앞서 나가지 말기 바란다. 이 책을 마치기 전에 다시 이 말씀으로 다시 돌아와서 살펴보기로 하겠다. 장차 올 영광의 가장 강력한 모습들 가운데 하나는 "모든 육체가 그것을 함께 보게" 되는 것이기 때문이다.

Chapter 4

하나님의 임재하심으로만은 충분하지 않을 때

우리는 "영광"과 "임재하심"이라는 단어는 서로 바꿔서 사용할 수가 있는 표현들이라고 말하는 것을 흔히 들을 수 있다. 우리가 하나님의 영광에 대해서 말하든지, 혹은 하나님의 임재하심에 대해서 말하든지 간에 기본적으로는 동일한 것을 의미한다는 것은 사실이다. 그러나 그 두 단어는 동일한 표현이 아니다. 나는 이 장에서는 하나님께서 나에게 이 두 가지의 강력한 실체들 사이에 아주 분명한 차이가 있다는 사실을 깨닫게 해주셨던 본문들을 살펴보려고 한다.

우리가 같이 살펴보려고 하는 사무엘상 6장에 나오는 이야기를 이해하기 위해서는 해석학적으로 아주 간단한 등식 하나에 대해서 동의해야 할 필요가 있다. 구약 성경에 나오는 언약궤는 하나님의 임재하심을 상징한다는 것이다. 언약궤는 하나님께서 계시는 곳이다. 여호와께서는 모세에게 이렇게 말씀하셨다. "거기서 내가 너와 만나고 속죄소 위 곧 증거궤 위에 있는 두 그룹 사이에서 내가 이스라엘 자손을 위하여 네게 명령할 모든 일을 네게 이르리라"(출25:22) 하나님께서 모세에게 말씀하실 때, 하나님의 음성은 시은소 바로 위에, 그룹 천사들의 날개들로 덮여있는 빈 공간으로부터 흘러나왔다. 모세는 공기가 희박한 그 곳을 자신의 손가락으로 가리키면서 "내가 하나님의 음성이 바로 이곳으로부터 흘러나오는 것을 들을 수 있기 때문에 하나님은 바로 여기에 계신다."고 말할 수 있었을 것이다. 이렇게 언약궤는 하나님의 임재하심의 장소로 이해하는 것이 옳다.

언약궤는 모세가 지은 장막에서 가장 깊은 성소인 지성소에 있었다. 지성소는 휘장에 의해서 성소와 분리된 곳이었다. 휘장 뒤에는 언약궤만이 있었다. 언약궤는 하나님의 임재하심과 아주 밀접하게 연관되어 있었기 때문에, 히브리서 기자는 "우리가 이 소망이 있는 것은 영혼의 닻 같아서 튼튼하고 견고하여 휘장 안에[저자가 사용하는 NKJV는 '휘장 뒤의 임재하심' 다시 말하면 '하나님이 계신 곳으로'] 들어가나니"(히6:19)라고 쓰면서 언약궤를 문자적으로 "임재하심"이라고 말하고 있다.

그러므로 "언약궤"를 생각할 때는 "하나님의 임재하심"을 생각하기 바란다. 이 간단한 해석학적인 도구가 우리가 같이 살펴보려고 하는 본문의 의미를 활짝 열어 줄 것이다. 우리는 하나님의 백성들이 언약궤(하나님의 임재하심)를 그들 가운데 가지고 있었지만, 언약궤가 그들은 원수들로부터 구원해 주는 것으로는 충분하지 못했던 이야기를 살펴보려고 한다.

사실, 내가 이 장에서 여러분에게 말해 주려고 하는 진리가 바로 이 책을 쓰게 된 동기이기도 하다. 어느 날인가 나는 비밀스런 장소에서 사무엘상 4장 이야기를 묵상하고 있을 때, 주님께서 나의 마음에 지금까지도 내 속에서 발전하며 자라고 있는 한 가지 진리에 대한 눈을 열어 주셨다. 이 이야기는 블레셋 군대에게 언약궤를 뺏긴 이야기를 순서대로 적고 있다. 이 사건 후에 엘리 제사장의 며느리는 다음과 같은 아주 고전적인 말을 남긴다. "영광이 이스라엘에서 떠났다!"

여러분이 지금 당장 사무엘상 4장 전체를 읽어도 좋겠지만, 우리가 다 같이 본문을 살펴나가기 위해서 그 이야기를 여러 부분으로 나누어서 살펴보기도 하겠다.

아이디어를 모으기 위한 회의

사무엘의 말이 온 이스라엘에 전파되니라 이스라엘은 나가서 블레셋 사람들과 싸우려고 에벤에셀 곁에 진 치고 블레셋 사람들은 아벡에 진 쳤더니 블레셋 사람들이 이스라엘에 대하여 전열을 벌이니라 그 둘이 싸우다가 이스라엘이 블레셋 사람들 앞에서 패하여 그들에게 전쟁에서 죽임을 당한 군사가 사천 명 가량이라 백성이 진영으로 돌아오매 이스라엘 장로들이 이르되 여호와께서 어찌하여 우리에게 오늘 블레셋 사람들 앞에 패하게 하셨는고 여호와의 언약궤를 실로에서 우리에게로 가져다가 우리 중에 있게 하여 그것으로 우리를 우리 원수들의 손에서 구원하게 하자 하니 이에 백성이 실로에 사람을 보내어 그룹 사이에 계신 만군의 여호와의 언약궤를 거기서 가져왔고 엘리의 두 아들 홉니와 비느하스는 하나님의 언약궤와 함께 거기에 있었더라 (삼상4:1-4)

우리가 살펴보려고 하는 이야기는 전쟁에서 패한 상황에서 시작된다. 이스라엘은 막 블레셋과의 전쟁에서 패해서 4천여 명의 군사들이 전사했다. 그래서 그들은 지금 하나님께서 왜 그들의 군사 작전을 축복하시지 않으셨는지, 그들이 패한 이유가 무엇인지를 알아보려고 애쓰고 있다.

사무엘에게 하나님의 말씀이 있었지만, 이스라엘 민족은 이 나이 어린 선지자의 영적인 리더십을 따를 준비가 되어 있지 않았다. 이스라엘 민족은 여호와의 말씀을 가지고 있는 사람보다는 장로단의 말을 따르고 있었다. 이것이 문제의 첫 번째 원인이었다. 이러한 위기의 순간에 그 장로들의 위원회에게는 하나님의 마음을 발견해서, 올바른 노정을 그리고 따라갈 수 있는 분별력이 부족했다. 그들이 제기한 질문은 옳았다. "여호와께서 어찌하여 우리에게 오늘 블레셋 사람들 앞에 패하게 하셨는고" 그러나 그들이 생각해 낸 해결책은 틀린 것이었다. "여호와의 언약궤를 실로에서 우리에게로 가져다가 우리 중에 있게 하여 그것으로 우리를 우리 원수들의 손에서 구원하게 하자"

그들은 하나님께 말씀드리기 보다는 서로에게 이야기했다. 장로들이 모여서 이제 어떻게 해야 할 지에 대해서 아이디어를 모으기 위한 회의를 여는 모습이 상상된다. 의장이 이렇게 의사를 제안한다.

"어떻게 하면 좋겠습니까?"

어떤 사람은 이런 말을 하고, 다른 사람은 저런 말을 한다.

그때 장로들 가운데 한 사람이 이렇게 말한다.

"여러분, 좋은 생각이 떠올랐습니다. 들어보세요. 여호수아는 언약궤를 여리고 성으로 가지고 갔습니다. 그들은 언약궤를 전쟁터로 가지고 나갔던 것입니다. 그리고 백성들이 함성을 지르자 성벽이 무너졌던 것을 다 기억하지요? 우리도 그렇게 해보면 어떻겠습니까? 우리가 언약궤를 전쟁터로 가지고 간다면, 하나님께서 우리에게도 원수들과 싸워서 이기게 해 주실 것입니다."

다른 사람이 동의(同意)를 표한다.

"아주 좋은 생각입니다. 하나님의 임재하심을 전쟁터로 가지고 들어가서 질 수는 없을 것입니다. 우리가 전쟁터로 언약궤를 가지고 간다는 것은 우리가 하나님을 모시고 가는 것이기 때문이지요! 전쟁터에서 하나님께서 우리와 함께 하신다는 것은 우리가 패배할 수 없다는 사실을 확실하게 보장해 주는 일일 것입니다."

어떤 사람이 정식 의견으로 동의(動議)한다.

"정찰을 하면서, 군대를 모두 빼내서, 실로에서 언약궤를 가져오고, 제사장들로 하여금 언약궤를 메고 우리와 함께 전장으로 들어가게 하고, 나가서 블레셋 사람들을 박살내자는 의견을 안건으로 동의합니다!"

다른 사람이 말한다.

"그 안건에 동의(同意)합니다."

의장이 재차 질문한다.

"이의 있습니까?"

그들은 잠시 동안 그 의견에 대해서 제안을 하고, 전략을 세부 조율하고는 다시 의장이 질문한다.

"이 의견에 찬성하시는 분들은 모두 '예' 하십시오"

모든 목소리들이 합창하듯이 "예!" 한다.

"반대하시는 분은 '아니요' 라고 말해 주십시오"

조용하다.

"이 안건을 통과된 것으로 선포합니다. 가서 언약궤를 가져 오십시오. 신사 여러분, 우리는 전쟁하러 갈 것입니다!"

분별력

우리는 객관적인 시각으로 그들이 잘못한 일이 무엇인지를 쉽게 알 수 있다. 그들은 하나님으로부터 듣고, 절대적으로 순종하는 대신에, 자기들의 창의적인 생각에 따라서 주제넘게 행동했던 것이다. "하나님의 궤는 빼앗겼고 엘리의 두 아들 홉니와 비느하스는 죽임을 당하였더라"(호5:11). 우리가 우리 자신의 천재적인 아이디어만 믿고 나간다면 정확한 판단력과 분별력을 행사할 수 있는 능력을 잃게 된다. 그뿐 아니라 "나라들의 계획을 폐하시며 민족들의 사상을 무효하게 하시도다"(시33:10)는 하나님을 만나게 될 것이다.

아마도 그러한 사람들은 욥기 12장 20절을 경험하게 될 것이다. "…늙은 자들의 판단을 빼앗으시며" 성령님께서 역사하셔서 모두가 한 마음이 된다는 것은, 장로들이 하나님의 뜻을 구별하고, 그 뜻을 따라 나가는데 반드시 필요한 일일 수도 있을 것이다. 그러나 모든 마음들이 하나로 일치한다는 것 자체가 언제나 축복을 보장해 주는 것은 아니다. 의견의 일치라는 독재자가 장로회의 눈을 가려버리게 되는 때도 있다. 그럴 때에는 하나님께서 그들 가운데 권고의 말씀을 해 주시지 않으심으로써, 만일 그들에게 하나님으로부터 나오는 말씀이 없을 때에는 ―기다리지 않고― 그들이 그냥 인간적인 합의사항을 밀고 나가려고 하는지의 여부에 대해서 시험하시는 기간일 것이다.

어떤 사안에 대해서 장로들은, 하나님의 권고하심이 없이도 자기들이 스스로 무엇인가를 만장일치로 결정할 수도 있다는 사실에 대해서 하나님 앞에서 언제나 상한 마음을 가지고 행해야 한다(삼상4:3). 장로회는, 만장일치야 말로 주어진 문제에 대해서 하나님의 마음을 보여주는 신호라고 생각하는 자리로 속아 넘어갈 수 있다. 이것이 바로 예수님을 재판하기 위해서 모였던 산헤드린의 회에서 일어났던 일이기도 하다. 장로들은 어떤 사안에 대해서 만장일치로 합의되었다는 사실을 통해서 거짓된 안정감을 얻기도 하고, 너무나 쉽게 그것을 상황에 대한 위로로 삼으며, 그것이 하나님의 뜻이라는 사실을 확인해 주는 증거로 받아들이려고 한다.

대부분의 종교단체들은 장로들이 만장일치로 결정한 의견에 따르다가 부패와 타락에 빠지기도 한다. 장로들이, 자기들의 의견에 빠져죽지 않기 위해서는 그들에게 선지자의 음성이 필요한 경우들이 있다. 그러나 사무엘상 4장의 이야기에서는 장로들이 하나님의 선지자인 사무엘의 조언을 구하지 않았다.

우리가 이 세대에서 하나님의 영광을 보기 위해서는, 장로들이 경건한 분별력을 가지고 행동하는 것이 너무나 중요하다. 나는 하나님께 바울이 빌립보 교인들을 위해서 기도했던 다음과 같은 것을 주시기를 부르짖어 구하고 있다. "너희 사랑을 지식과 모든 총명(NIV. 분별력)으로 점점 더 풍성하게 하사"(빌1:9) 주 예수님, 저에게도 그러한 분별력을 주시옵소서(잠2:3을 보라)! 또한 나는 나의 형제자매들을 위해서도 마찬가지로 이러한 영적 분별력이 자라가도록 기도하고 있다.

분별력이란 선과 악을 구분할 수 있는 능력이다(히5:4). 참된 분별력은 어떤 인격적인 분과의 관계 안에 지속적으로 거함으로써 생겨난다. 그분은 바로 "여호와의 영 곧 지혜와 총명의 영"(사11:2)이시다. 예수님께서는 분별력을 시대를 이해하는 것과 연결시키셨다(눅12:54-59). 나도 하나님께 우리 시대에 대한 분별력을 주시기를 기도했다. 나는 분별력이 너무나 부족하다. 그러나 나에게는 우리가 "가시 밭 같은" 사회에 살고 있는 것처럼 보인다. "가시떨기에 떨어졌다는 것은 말씀을 들은 자이나 지내는 중 이생의 염려와 재물과 향락에 기운이 막혀 온전히 결실하지 못하는 자요"(눅8:14). 우리가 살고 있는 시대의 토양은 가시밭과 같다. 세상살이에 대한 염려가 말 그대로 교회를 짓눌러서, 교회가 하나님의 영광으로 들어가기 위해서 앞으로 나가지 못하도록 방해하고 있다.

실제로 거의 모든 목회자들과 예배인도자들은 예배를 위해서 정말로 열심히 계획을 세우고, 찬양곡들과 음악을 세심하게 선택하지만, 막상 예배에 들어가서는 하나님께서 자기들의 계획을 전혀 소용이 없도록 만드시기로 하셨다(시33:10)는 사실을 발견하게 된 경험이 있을 것이다. 그럴 때 우리는 어떻게 하는가? 하나님께서는 우리에게 귀를 기울이고 하나님의 음성을 부지런히 듣고, 하나님의 계획들과 목적들에 대해서 듣고, 철저하게 순종으로 행하며, 하나님의 인도하심에 필사적으로 의지하도록 훈련시키기를 원하신다.

우리가 살펴보고 있는 사무엘상에서 장로들에게는 영적인 돌파구가 필요했다. 그들은 "그것으로 우리를 우리 원수들의 손에서 구원하게 하자"(삼상4:3)는 생각과 희망으로 언약궤를 전쟁터로 가지고 나가기로 결정했다. 그들은 구원의 능력이 언약궤 자체에 있다고 생각했다. 다시 말하면 그들은 언약궤를 행운을 가져오는 주물(呪物)이나, 그들을 보호해 주는 부적, 혹은 행운의 마법처럼, 그 자체에 있는 고유한 능력이 원수들에 대해서 승리를 가져다 줄 것이라고 생각하기에 이르렀던 것이다. 그들에게 이렇게나 분별력이 부족하다는 사실은 통탄스럽기까지 하다. 그들은 하나님께 자문을 구하기보다는 실험을 해보기로 했다. "한번 어떤 일이 일어나는지 시험해 보자."(여기서 장로들의 이러한 태도에 대해서 비판하기 보다는 우리들 대부분도 어떤 돌파구가 필요한 경우에 그러한 것을 시험해 본 적이 있다는 사실을 인정하기로 하자.)

그래서 다음과 같은 일이 일어났다.

불운으로 끝나게 된 전쟁

여호와의 언약궤가 진영에 들어올 때에 온 이스라엘이 큰 소리로 외치매 땅이 울린지라 블레셋 사람이 그 외치는 소리를 듣고 이르되 히브리 진영에서 큰 소리로 외침은 어찌 됨이냐 하다가 여호와의 궤가 진영에 들어온 줄을 깨달은지라 블레셋 사람이 두려워하여 이르되 신이 진영에 이르렀도다 하고 또 이르되 우리에게 화로다 전날에는 이런 일이 없었도다 우리에게 화로다 누가 우리를 이 능한 신들의 손에서 건지리요 그들은 광야에서 여러 가지 재앙으로 애굽인을 친 신들이니라 너희 블레셋 사람들아 강하게 되며 대장부가 되라 너희가 히브리 사람의 종이 되기를 그들이 너희의 종이 되었던 것 같이 되지 말고 대장부 같이 되어 싸우라 하고 블레셋 사람들이 쳤더니 이스라엘이 패하여 각기 장막으로 도망하였고 살륙이 심히 커서 이스라엘 보병의 엎드러진 자가 삼만 명이었으며(삼상4:5-10)

블레셋 사람들은 이스라엘 진영에서 승리의 함성이 일어나는 것과, 언약궤가 진영으로 들어왔다는 소식을 듣고는 두려움으로 인해서 절망적인 상태가 되었다. 그러나 그들은 오히려 죽기 아니면 살기라는 식의 약간은 광적인 각오로 싸워서 이스라엘 군대를 무찔러 버렸다. 이것은 우리가 하나님

나라를 위하여 정복해 들어갈 때에는 언제나 원수로부터의 반격이 있으며, 따라서 미리 그러한 반격에 대해서 준비하는 것이 좋다는 실제적인 사실을 보여주고 있다.

나는 위의 본문을 자세하게 묵상하다가 다음과 같은 사실을 깨달았다. 하나님의 백성들에게는 하나님의 임재하심(언약궤)이 있었고, 그래서 진영에서 승리의 함성을 질렀지만, 그들은 전쟁에서 졌다! 이 사실은 내가 지금까지 영적 전쟁에 대해서 생각하던 모든 것을 뒤엎는 내용이었다. 나는 우리가 하나님의 전에서 하나님의 임재하심을 경험하고, 회중 안에 찬양의 함성이 일어나게만 한다면 영적 전쟁에서 크게 승리를 얻고, 하나님 나라가 진척되는 일에 큰 돌파구가 생긴다는 것이 보장되는 것이라고 생각 했었다. 그러나 위의 사건은 나에게 다른 것을 보게 해 주었다. 하나님의 백성들에게 하나님의 임재하심이 있었고, 승리의 함성이 있었지만, 그들은 여전히 전쟁에서 졌던 것이다.

나는 여러분이 다음과 같은 사실을 신중하게 생각해 보기 바란다. 즉 우리에게는 하나님의 임재하심 이상의 것이 필요하다. 우리에게는 영광이 필요하다. 우리가 이 이야기에서 보듯이, 우리는 영광이 없이도 임재하심을 소유할 수 있다. 우리가 주님의 지상 위임명령을 완수하기 위해서는, 하나님의 영광이 우리의 모든 관심을 사로잡고, 온 지구를 산산 조각낼 것 같으며, 지옥을 뒤흔들고, 모든 묶인 것을 풀고 자유케 할 정도로 강력하게 나타나는 것을 보아야 할 필요가 있다.

이제 이 이야기를 끝내도록 하자.

영광이 떠나다

하나님의 궤는 빼앗겼고 엘리의 두 아들 홉니와 비느하스는 죽임을 당하였더라 당일에 어떤 베냐민 사람이 진영에서 달려나와 자기의 옷을 찢고 자기의 머리에 티끌을 덮어쓰고 실로에 이르니라 그가 이를 때는 엘리가 길 옆 자기의 의자에 앉아 기다리며 그의 마음이 하나님의 궤로 말미암아 떨릴 즈음이라 그 사람이 성읍에 들어오며 알리매 온 성읍이 부르짖는지라 엘리가 그 부르짖는 소리를 듣고 이르되 이 떠드는 소리는 어찌 됨이냐 그 사람이 빨리 가서 엘리에게 말하니 그 때에 엘리의 나이가 구십팔 세라 그의 눈이 어두워서 보지 못하더라 그 사람이 엘리에게 말하되 나는 진중에서 나온 자라 내가 오늘 진중에서 도망하여 왔나이다 엘리가 이르되 내 아들아 일이 어떻게 되었느냐 소식을 전하는 자가 대답하여 이르되 이스라엘이 블레셋 사람들 앞에서 도망하였고 백성 중에는 큰 살륙이 있었고 당신의 두 아들 홉니와 비느하스도 죽임을 당하였고 하나님의 궤는 빼앗겼나이다 하나님의 궤를 말할 때에 엘리가 자기 의자에서 뒤로 넘어져 문 곁에서 목이 부러져 죽었으니 나이가 많고 비대한 까

4. 하나님의 임재하심으로만은 충분하지 않을 때 **59**

닭이라 그가 이스라엘의 사사가 된 지 사십 년이었더라 그의 며느리인 비느하스의 아내가 임신하여 해산 때가 가까웠더니 하나님의 궤를 빼앗긴 것과 그의 시아버지와 남편이 죽은 소식을 듣고 갑자기 아파서 몸을 구푸려 해산하고 죽어갈 때에 곁에 서 있던 여인들이 그에게 이르되 두려워하지 말라 네가 아들을 낳았다 하되 그가 대답하지도 아니하며 관념하지도 아니하고 이르기를 영광이 이스라엘에서 떠났다 하고 아이 이름을 이가봇이라 하였으니 하나님의 궤가 빼앗겼고 그의 시아버지와 남편이 죽었기 때문이며 또 이르기를 하나님의 궤를 빼앗겼으므로 영광이 이스라엘에서 떠났다 하였더라(삼상4:11-22)

블레셋 사람들이 임재하심(언약궤)를 빼앗았을 때에 비느하스의 아내는 영광이 떠났다고 말했다. 사실 하나님의 영광이 이스라엘을 떠났기 때문에 그녀의 말은 부분적으로는 맞는 말이다. 그러나 나는 언약궤가 빼앗긴 것으로 하나님의 영광이 떠난 것은 아니라고 말하고 싶다. 나는 하나님의 영광은 언약궤를 뺏기기 오래 전에 이스라엘을 떠났다고 말하고 싶다. 이스라엘 백성은 벌써 여러 해 동안 하나님의 영광이 없이 살아가고 있었으며, 따라서 그들이 잃은 것은 하나님의 임재하심(언약궤) 뿐이었던 것이다.

그러나 지금은 하나님의 임재하심 조차도 그들을 떠났던 것이다! 얼마나 마음을 아프게 하는 이야기인가! 만일 여러분이 그 당시 백성들의 감정을 느낄 수 있다면 여러분의 눈에서는 그냥 눈물이 나오게 될 것이다. 지금 그들은 자기들의 온 민족이 가장 소중하게 여기던 것, 즉 언약궤를 빼앗겼던 것이다. 그때는 하나님의 백성들이 그들의 모든 역사 가운데서 가장 처절하게 낮아진 순간들 중에 하나였다. 이스라엘의 사기를 이렇게까지 떨어지게 만들 수 있는 일은 없을 것이다. 아무도 언약궤는 당해낼 수 없으며, 따라서 언약궤가 있는 자기들은 절대로 질 수가 없다고 굳게 믿고 있던 이스라엘 백성들의 마음이 얼마나 크게 낙심하며 당황스러웠겠는가? 그리고 지금은 한때 불가능한 일이라고 생각했던 일이 실제로 일어났다. 하나님의 임재하심이 원수들에 의해서 제거 당했던 것이다. 그리고 그들은 하나님의 임재하심이 언제 다시 돌아올 것인지에 대해서는 전혀 알 길이 없었다.

  그들에게는 하나님의 임재하심뿐 아니라 영광도 가지고 있던 때가 있었다. 모세 시대에는 하나님의 영광이 성막 위에 머물러 있었다. 모세는 성막을 봉헌하던 날 그 영광이 어떻게 임했는지를 써서 기록으로 남겨두기도 했었다. 성막은 처음부터 영광의 구름과 불기둥이 머무는 집이었다(출40:34-38). 그러나 여러 해가 지나는 동안에 영광이 떠났지만, 백성들은 그 사실을 모르고 있었다. 비느하스의 아내는 언약궤를 잃기 전까지는 이스라엘 백성들 위에 여전히 하나님의 영광이 머물러 있었다고 생각했다. 이스라엘 백성들은 자기들이 영광을 소유하고 있다고 생각했다. 그러나 그들이 소유하고 있었던 것은 임재하심 뿐이었다.

그러나 임재하심만으로는 그 전쟁을 이기기에 충분하지가 않았다.

Chapter 5

하나님의 영광은 어떻게 떠나는가

우리는 앞 장에서 사무엘상 4장의 이야기를 살펴보면서, 하나님의 영광은 언약궤를 뺏기기 오래 전에 이미 이스라엘을 떠났다고 말했다. 이스라엘 백성들은 여러 해 동안 영광이 없는 임재하심에 익숙해 있으면서도, 자기들이 놓치고 있는 것이 무엇인지도 모르고 있었다.

우리는 이스라엘 백성들이, 블레셋 사람들이 언약궤를 뺏어갈 때 잃은 것은 임재하심이라는 사실은 알고 있다. 그러나 그들은 언제 그리고 어떻게 영광을 잃었는가?

하나님의 영광이 정확하게 언제 성전을 떠났는지는 모른다. 그러나 다음과 같은 사실은 분명하다. 영광이 어느 날 갑자기 떠난 것은 아니라는 사실이다. 어느 날은 영광을 소유했다가 바로 그 다음 날은 영광이 떠나버리는 경우는 없다. 영광이 떠나는 것이 그렇게 선을 그을 수 있을 정도로 분명한 경우는 극히 드물다. 대개는 긴 시간에 걸쳐서 천천히, 물러가는 과정을 겪게 된다.

에스겔이 본 환상

에스겔은 이러한 진리에 대해서 환상을 보면서 통찰력을 얻었다. 하나님께서는 에스겔에게 영광은 갑자기 떠나는 것이 아니며, 점진적으로, 단계를 걸쳐서 떠난다는 사실을 보여 주셨다. 영광이 떠나는 것은 점진적인 과정을 통해서이다. 하나님께서는 에스겔에게 성전에서 영광이 떠나는 모습을 환상으로 보여 주시면서 이 진리를 가르쳐 주셨다. 영광은 휙하고 사라지지 않는다. 일련의 과정을 통해서 점진적으로 이루어지는데, 영광이 거룩한 성을 떠날 때는 다섯 가지의 단계를 거치고 있다. 각각의 단계들은 이스라엘 백성들이 영적으로 결정을 해야 할 아주 중요한 "결정의 순간"들을 상징한다. 각 단계들에서 그들은 회개하고 돌아오거나, 진리를 타협하고 점점 더 악으로 빠져 내려가는 하향곡선을 타거나 하게 된다. 이스라엘 백성들 가운데서 진리를 타협하는 일이 중단되지 않으면 영광이 그들로부터 더 먼 곳으로 떠나게 되는 점진적인 과정은 계속 진행될 것이다.

1단계 : 에스겔이 환상 가운데서 하나님의 손에 잡혀서 처음으로 성전으로 들어갔을 때는 거기서 하나님의 영광을 보았다. "이스라엘 하나님의 영광이 거기에 있는데 내가 들에서 본 모습과 같더라"(겔8:4) 에스겔은 영광이 지성소에 있는 언약궤의 시은소와 그룹(천사)들 위에 머물러 있는 것을 보았다. "그룹에 머물러 있던 이스라엘 하나님의 영광이 성전 문지방에 이르더니(즉 움직여서)"(겔9:3). 우리는 영광이 마땅히 있어야 할 자리인 성전에, 그룹들과 함께, 시은좌에, 따라서 하나님의 백성들 가운데 있는 것으로부터 시작한다.

그 원인이 되는 타협 내용 : 그러나 영광은 "질투의 우상 곧 질투를 일어나게 하는 우상"(겔8:3)과 함께 있었다. 그 우상은 바알 신상이었다. 여호와께서는 그들에게 회개할 시간을 주셨다(계2:21을 보라). 그러나 그들이 회개하기를 거절했기 때문에 하나님의 영광이 그들을 떠날 시간이 왔던 것이다.

2단계 : 우상과 타협하는 그들의 죄 때문에 영광은 성전 문지방으로 자리를 이동했다. "그룹에 머물러 있던 이스라엘 하나님의 영광이 성전 문지방에 이르더니"(겔9:3)

그 원인이 되는 타협 내용 : 하나님께서는 에스겔에게 성전 벽에 부정한 짐승들과 우상의 그림들이 그려져 있는 것을 보여 주셨다. 또한 그는 70명의 장로들이 성전 뜰의 방들 가운데 한 곳에서 우상들에게 분향하는 것을 보았다(겔8:10-12). 이것은 또 한 번의 "결심의 순간"을 의미하며, 그들의 잘못된 선택으로 인해서 영광은 계속해서 더 먼 곳으로 자리를 떠나 이동한다.

3단계 : 에스겔은 먼저 "성전 오른쪽에 서 있고"(겔10:3) 그룹들을 본다. 그 다음에는 "여호와의 영광이 성전 문지방을 떠나서 그룹들 위에 머무르니"(겔10:18) 것을 본다. 지금은 영광이 문지방으로부터 떠나서 성전의 남쪽 끝으로 이동했다.

그 원인이 되는 타협 내용 : 에스겔은 여인들이 성전 북문에서 담무스를 위해서 울고 있는 모습을 보았다(겔8:14). 담무스를 숭배하는 일에는 온갖 추잡한 일들과 성전 매춘이 포함된다.

4단계 : 이제 영광은 그룹들과 함께 자리를 옮겨서 "그들이 여호와의 전으로 들어가는 동문에 머물고"(겔10:19) 되었다. 영광은 원래 있던 자리로부터 한 단계 더 멀어지게 되었다.

그 원인이 되는 타협 내용 : 하나님께서는 에스겔에게 성전 안 뜰에 있던 25명의 남자들이 동쪽을 향해서 태양신에게

절하는 것을 보여 주신다(겔8:16). 그것은 또 다른 결정의 순간이었지만, 이스라엘 백성들이 순종하지 않고 오히려 불의와 타협하게 됨으로써 하나님의 영광은 자리를 더 밖으로 옮겼다.

5단계 : 하나님의 영광은 예루살렘 성을 떠나서 그 성의 동쪽에 있는 산으로 자리를 옮긴다. "여호와의 영광이 성읍 가운데에서부터 올라가 성읍 동쪽 산에 머무르고"(겔11:23)

그 원인이 되는 타협 내용 : 에스겔은 동문에서 25명의 남자들을 본다. 그들은 사악한 일을 만들어 내며, 예루살렘에게 악한 조언을 해준다(겔11:1-2).

바로 여기서 환상은 떠난다. 에스겔이 하나님의 영광에 대해서 마지막으로 본 것은 그 영광이 예루살렘의 동쪽에 있는 산 위에 서 있는 모습이었다. 에스겔은 하나님의 영광이 그곳으로부터 어디로 옮겨 갔는지는 보지 못했다.
여기서 다시 말하고 싶은 것이 있다. 하나님의 영광은, 이스라엘 백성들이 중요한 결정을 해야 하는 순간들에, 그들이 분명하게 결정하고 버리지 못한 구체적인 타협들에 대한 반응으로, 점진적으로, 여러 단계들을 거치면서 그들을 떠나신다는 것이다.

삼손

초인적인 힘을 통해서 아주 특별한 수준으로 하나님의 영광을 보여주었던 삼손의 생애에도 같은 진리가 나타나고 있다. 삼손을 통해서 하나님의 영광이 아주 강력하게 나타났다. 그러나 삼손은 자신의 인생 가운데서 일련의 타협을 계속 해 나갔고, 결국은 하나님의 영광이 그로부터 떠나게 되었다.

삼손은 강력한 기름 부으심을 받은 이스라엘 사사였다. 그러나 그는 동시에 자신의 자연적인 욕망을 만족시키는데 혈안이 되어 있던 풋내기이기도 했다. 한번은 모든 것을 잊고 창녀와 자다가 한 밤중에 일어나서 그 성의 성문을 빼내서 들고 산꼭대기로 올라가기도 했다. 삼손은 평생 동안 강력한 기름 부으심을 받아서, 하나님의 영광을 강력하게 과시해 보이던 사람이었지만, 타협을 통해서 그 모든 것을 다 위태롭게 만들고 있었다.

삼손의 마음을 강력하게 매혹시켰던 아주 예쁜 블레셋 여인 드릴라는 삼손에게 또 하나의 타협의 끈이 되었다. 그러나 지금 삼손과 그녀의 관계는 그의 통탄할만한 영적 상태의 진면목을 보여주는 일이었다.

삼손의 새 연인 드릴라는 삼손에게 힘의 원천을 말해달라고 졸라댔다. 삼손은 견디다 못해서 "만일 마르지 아니한 새 활줄 일곱으로 나를 결박하면 내가 약해져서 다른 사람과 같으리라"(삿16:7)고 말한다. 삼손이 자기 힘의 진짜 원천을 폭로한 것은 아니지만, 그는 지금 타협의 경계선에서 춤을 추고 있다. 드릴라는 삼손이 자는 동안에, 삼손을 체포하려는 사람들이 뒤에서 숨어 기다리는 동안에 그를 활의 시위로 사용하는 줄 일곱 가닥으로 묶었다. 그러나 삼손은 "그 줄들을 끊기를 불탄 삼실을 끊음 같이 하였"다(삿16:9). 삼손은 이미 하나님의 영광이 출구를 향하여 자리를 옮기고 있다는 사실을 미처 깨닫지 못하고 있었다.

드릴라가 삼손에게 자기를 놀린다고 비난하자 그는 "만일 쓰지 아니한 새 밧줄들로 나를 결박하면 내가 약해져서 다른 사람과 같으리라 하니라"(삿16:11)고 말한다. 그래서 드릴라는 삼손이 자는 동안에 새 줄로 그를 묶었다. 비록 삼손이 일어나면서 "팔 위의 줄 끊기를 실을 끊음같이 하였지만", 그는 중요한 결정을 해야 할 또 한 번의 기회를 놓쳤다. 하나님의 영광은 삼손으로부터 더 멀리 떠나갔다.

드릴라는 또 다시 삼손에게 자기를 놀렸다며 애처롭게 징징거린다. 그래서 삼손은 "나의 머리털 일곱 가닥을 베틀의 날실에 섞어 짜면 되리라 하는지라"(삿16:13)고 말한다. 드릴라는 이번에도 삼손이 자고 있는 동안에 그렇게 한다. 그러나 삼손은 "베틀의 바디와 날실을 다 빼"(삿16:14)낸다. 그리고 하나님의 영광은 그로부터 더 멀어진다.

드릴라가 삼손을 날마다 바늘로 찌르듯이 귀찮게 굴며 괴롭히자 드디어 삼손은 그녀에게 마음을 열고 털어 놓는다.

5. 하나님의 영광은 어떻게 떠나는가 **69**

"내 머리 위에는 삭도를 대지 아니하였나니 이는 내가 모태에서부터 하나님의 나실인이 되었음이라 만일 내 머리가 밀리면 내 힘이 내게서 떠나고 나는 약해져서 다른 사람과 같으리라 하니라"(삿16:17). 드릴라는 삼손을 진정시켜서 잠들게 하고는 사람을 시켜서 삼손이 잠든 사이에 그의 머리를 밀게 한다. 드릴라는 "삼손이여 블레셋 사람이 당신에게 들이닥쳤느니라" 하는 말로 삼손을 깨운다. 삼손은 속으로 "내가 전과 같이 나가서 몸을 떨치리라" 하고 말했다. 그러나 성경이 바로 다음에서 선언하는 내용의 의미는 너무나 끔찍하다. "여호와께서 이미 자기를 떠나신 줄을 깨닫지 못하였더라"(삿16:20). 삼손은 다른 사람들과 마찬가지로 약해지게 되었고, 그러자 블레셋 사람들이 와서 그를 체포하고, 고문해서 불구로 만들어 버렸다.

    삼손의 입장에서 볼 때는 하나님의 영광이 갑자기 그를 떠났다고 생각할 수 있을 것이다. 그러나 실제로 하나님의 영광은 그가 일련의 결정을 하는 과정 가운데서 그를 점점 떠나시다가, 결국 그의 삶 가운데서 완전히 떠나 버리시는 것으로 끝나게 되었던 것이다. 삼손은 자신이 했던 일련의 타협들로 인해서 하나님의 영광이 자기를 떠나는 것에 대해서는 전혀 느끼지 못할 정도로 무감해졌기 때문에, 마침내 하나님의 영광이 완전히 그를 떠났을 때에는 그 사실을 조금도 깨닫지 못했다!

예배의 장소로부터 하나님의 영광이 떠날 때

이제 이 진리를 교회에서 드리는 예배에 적용해 보기로 하자. 교회는 하나님의 영광을 위해서 지으심을 받은 존재이다. 가장 이상적인 일은, 믿는 사람들의 회중이 예배하러 모일 때마다 하나님의 영광이 나타나서 모든 성도들에게 거룩한 불이 붙는 일들이 일어나는 것이다. 솔로몬 왕이 예배를 드리기 위해서 이스라엘 민족 전체를 새로 지은 성전으로 모으고, 찬양하는 사람들과 음악을 담당하는 사람들이 "일제히 소리를 내어 여호와를 찬송하며 감사하는데 나팔 불고 제금 치고 모든 악기를 울리며 소리를 높여 여호와를 찬송하여 이르되 선하시도다 그의 자비하심이 영원히 있도다 하매 그 때에 여호와의 전에 구름이 가득한지라 제사장들이 그 구름으로 말미암아 능히 서서 섬기지 못하였으니 이는 여호와의 영광이 하나님의 전에 가득함이었더라"(대하5:13-14). 하나님께서는 언제나 회중이 모여서 예배를 드리는 장소를 영광의 장소로 삼으신다.

오늘 날 대부분의 교단들은 다 영광 가운데서 탄생했다. 감리교나 구세군, 하나님의 성회, 포 스퀘어(Four Square, 오순절 교단중 하나), 그리고 많은 다른 교단들의 신앙 운동의 역사를 읽어 보면, 대부분의 교회 운동들이 시작될 때 있었던 공통분모는 그러한 하나님의 백성들 가운데서 특별할 정도로 하나님의 영광이 나타났다는 사실이다. 대부분의 교회들의 뿌리가 되는 가장 초기 시절에는 영광이 있다. 그러나 많은 교회들로부터 하나님의 영광이 떠났다. 인류에게도 적용되는 엔트로피법칙(모든 에너지는 평형 상태를 이루려고 한다는 열역학 제 2법칙)이 이러한 일반적인 현상을 잘 증명해 주고 있다. 교단이 어떤 그룹의 신앙운동의 역사가 오래되었을수록 타협에 빠져서 영광을 잃어버리게 될 기회가 더 크고 많아진다. 교회라는 포도주부대의 구조들도 한때는 새롭게 역사하시는 성령님이라는 새 포도주를 담는 새 부대로서 탄력성도 가지고 있지만, 언제나 시간이 지나면 경화되고, 마음이 강퍅하게 되어, 교회 안에 영광을 나타내 보여주시려는 하나님의 현재 의도에는 저항하는 경향이 있다.

나는 비판적인 사람이 아니다. 나는 단지 옆에서 지켜본 사람일 뿐이다. 지난 수백 년 동안에 교회들로부터 반복적으로 영광을 빼앗아 왔던 요소들이 지금 우리 각 사람 모두에게 다 나타나서, 우리로부터도 우리를 지으신 목적이며 운명인 그 영광을 빼앗아 버리려고 애쓰는 상황인데, 우리 중에 역사적인 교단들에 대해서 비평할 수 있는 사람이 누구이겠는가? 만일 당신이 다니는 교회로부터 영광이 떠난 적이 없다면, 그것은 단지 한 가지 이유 때문이다. 당신이 그 교회에 충분히 오래 다니지 않은 것이다.

과거에 실제로 하나님의 영광을 경험했던 거의 모든 교회들과 신앙 운동 단체들도, 지금은 영광이 출입문을 향하여 점점 뒤로 물러간다는 것이 무엇을 의미하는지를 다 알고 있다. 이 문제는 전 우주적인 문제이며, 시간이 충분히 지나면 피할 수가 없는 일이기도 하다. 우리가 하나님께서 우리 앞에 두시는 아주 중요한 선택의 기로와도 같은 순간을 잘못 관리하면 영광은 뒤로 물러간다. 그러므로 다음 장에서도 계속해서 우리가 하나님의 영광이 떠나는 것을 감지하게 될 때 자주 범하는 경향이 있는 잘못된 일들 몇 가지에 대해서 살펴보려고 한다.

Chapter 6

하나님의 영광이
나타나지 않을 때 나타나는
다섯 가지의 끔찍한 일들

우리 가운데 많은 사람들은, 하나님의 임재하심이야 말로 우리가 예배를 드리러 모일 때마다 도달해야 하는 궁극적인 목적지라고 생각해 왔다. 우리는 어떤 믿음의 공동체 안에 하나님의 임재하심이 나타나기만 하면 신약 성경이 말하는 기독교를 찾아낸 것이라고 생각해 왔다. 그러나 나는 하나님의 임재하심으로만은 충분하지 않다고 말하겠다. 하나님의 임재하심을 가지고 있으면서도 하나님의 기뻐하심(하나님의 미소)을 가지고 있지는 않을 수도 있다. 하나님의 임재하심은 위대하고 중요하다. 그러나 또 다른 것이 더 있다. 영광이다. 우리 중 대부분의 사람들은 예배를 드릴 때 우리 가운데 하나님의 임재하심이 함께 하신다는 것이 무엇을 의미하는

지는 다 알고 있다. 그러나 진정으로 영광의 영역으로 들어가 본 사람들은 극히 드물다. 하나님의 임재하심은 하나님의 약속이다. 그러나 하나님의 영광은 그분의 기뻐하심이다. 우리에게는 하나님의 임재하심이라는 입맞춤을 주시겠다는 약속이 보장되어 있다. 그러나 우리에게 하나님의 영광이라는 미소가 반드시 보장되어 있는 것은 아니다. 영광의 세계는 잘 보이지 않는다. 따라서 우리가 영광을 원하지만, 그것을 경험하는 경우는 극히 드물다. 그러나 예수님께서는 우리에게 하나님의 영광이라는 충만하신 축복을 주시기 위해서 죽으셨다.

전 세계 대부분의 교회들은 그들이 회중 예배로 모일 때마다 하나님의 영광을 (어느 정도로는) 경험한다. 처음에 예배를 시작할 때는 하나님의 임재하심이 느껴지지 않을 수도 있지만, 예배의 향기가 올라가기 시작하면서 하나님의 임재하심에 대한 의식이 예배당 안에 점점 커져가기 시작한다. 하나님 백성들의 마음이 믿음과 찬양 안에서 하나님을 향해서 고양되기 시작하고, 하나님께서 자신의 백성들의 찬양 가운데 임하심에 따라서(시22:3) 그 방안으로 하나님의 부드러운 임재하심이 고요하게 스며들어오기 시작한다.

결단의 순간

그러나 때로는 바로 정확하게 이 순간에 어떤 중요한 일이 일어나기 시작하는 경우가 있다. 우리가 하나님의 임재하심을 느끼면서도 뭔가 부족하다는 사실을 느끼게 되는 것이다. 우리가 소원하는 대로 하나님의 성령님께서 그 자리로 뚫고 들어오시는 일은 일어나지 않고 있다는 사실을 알게 된다. 우리는 우리가 임마누엘(우리와 함께 하시는 하나님)의 임재하심 안에 들어와 있다는 사실을 알고 있다. 그러나 우리는 예배에 뭔가가 더 있어야 한다는 사실을 안다. 분위기는 아름답지만, 우리가 아직 영광의 영역(세계)에는 이르지 않았다는 사실을 분명하게 느낄 수 있다. 이것이 바로 그 차이이다. 즉 우리는 하나님의 임재하심은 가졌지만, 영광은 소유하지 못하고 있는 것이다.

　이러한 증상은 전 세계의 거의 모든 세대의 사람들이 다 경험해 본 일이다. 이것은 거의 절대적으로 보편적인 현상이다. 내가 이 사실을 강조하는 이유는 여러분이 이 장이 어떤 특정한 교회들의 문제를 살펴보기 위한 장은 아니라는 사실을 이해해 주기를 바라기 때문이다. 나는 특정한 예배 형식을 비판하거나, 이스라엘 민족 가운데 어떤 지파(즉, 교단)를 다른 지파보다 우위에 있다고 생각하지도 않는다. 거의 모든 교회들이 다 하나도 빼놓지 않고 하나님의 임재하심은 가지고 있지만 영광은 소유하지 못하는 자리에 와 있다. 유일한 예외가 있다면, 아직 하나님의 임재하심이 무엇인지도 모르는 교회들은 제외하고 말이다.

　우리가 영광은 없이 임재하심만을 소유하는 자리에 와 있다면, 내가 "결단의 순간"이라고 부르는 곳에 와 있는 것이다. 우리는 영적인 교차로에 와 있다. 우리가 이러한 결단의 순간에 성령님께 대해서 어떻게 반응하는가 하는 것이 우리들 미래의 운명을 결정한다. 중요한 문제는 이것이다. 바로 여러분이 임재하심은 소유하고 있지만, 영광은 소유하지 못하고 있다면 당신은 어떻게 할 것인가? 하는 문제이다. 당신의 반응은 당신이 속한 지역교회 식구들의 영적인 기업에 아주 심각한 결과를 미치게 된다.

만일 여러분이 직접 회중 예배를 인도하는 책임을 맡아본 사람이라면 내가 하는 말에 대해서 절대적으로 동의할 수 있을 것이다. 여러분은 예배의 책임을 맡고 회중 앞에 서는 것이 어떤 느낌이 드는지, 또한 예배가 심각하게 잘못되고 있다는 사실을 깨달으면서 위장에 무거운 납덩어리가 들어 있는 듯한 느낌이 어떤 것인지를 알고 있을 것이다. 예배에 하나님의 영광이 임하지 않았다. 그리고 당신이 그 사실을 알고 있다. 그러나 어떤 경우에는 임재하심 조차도 없는 경우도 있다. 영광도 임하지 않았고, 임재하심이 느껴지는지에 대해서 조차도 잘 모르겠는 곳에서 예배 인도자로 선다는 것보다 더 거북한 일은 거의 없다. 차라리 무대가 밑으로 푹 꺼져서 당신을 산채로 삼켜 버렸으면 좋겠다는 생각을 하게 될 것이다. 그러나 바로 그러한 순간에 무엇을 하는가 하는 것은 당신 교회의 예배 생활에 대해서 아주 중요한 의미를 지니게 된다.

보통 하는 다섯 가지 반응들

우리의 예배 가운데 영광이 나타나지 않을 때 교회의 지도자들은 최소한 보통 다음과 같은 다섯 가지 방식으로 대처한다. 그 다섯 가지의 첫 글자는 모두 D로 시작한다.

1. 기뻐함(Delight)

어떤 교회들이 하나님의 영광이 나타나지 않는 현실에 대해서 오히려 기뻐한다는 것은, 드문 일이기는 하지만 매우 슬픈 일이다. 그들은 하나님의 영광을 원하지 않으며, 하나님의 영광이 떠났음에도 불구하고 그들에게 아무런 일이 일어나지 않는다는 사실에 대해서 아주 행복해 한다.

어떤 지도자들은 하나님의 영광이 약간이나마 터져 나오는 다른 교회들을 보면서, 그러한 교회들에 나타나는 현상들을 바람직하지 않거나 불쾌한 일이라며 냉소적인 시선으로 바라보며 무시하기도 한다. 그들은 하나님의 영광을 보면서도, 자기들은 그 영광을 원하지 않는다고 결론내린 것이다. 하나님의 영광이 임할 때는 점잖은 일이나 미리 정해진 예배 의식을 모두 무산시켜 버리는 경우가 많기 때문에, 대개는 큰 논쟁과 반대가 따르게 된다. 토미 테니는 하나님의 임재하심은 우리의 육신에 능력을 줘서 강하게 하지만, 영광은 육신을 못 쓰게 만든다고 지적했다. 하나님의 임재하심이 임하면 우리는 힘과 권능을 얻는다. 영광이 임하면 제사장들이 더 이상 서서 제사장의 직무를 감당하는 것조차 불가능해진다(대하5:14). 사람들이 바닥에 넘어지기 시작하면 많은 사람들은 그 모임을 "꼴사납다"거나 "무질서"하다고 판단한다. 어떤 지도자들은 영광이 임하는 것에 대한 대가를 너무 심하게 치른 경험이 있어서, 차라리 그러한 그들에게 영광이 임하지 않고 지나가는 것을 오히려 아주 기뻐한다.

하나님의 영광은 교회 안에서 분열을 일으킨다는 것이 사실이다. 하나님의 영광은 사람들에게 길들여져 있지도 않고, 통제할 수도 없으며, 중단시킬 수도 없고, 모든 것을 다 태워 버릴 만큼 위험하기도 하다. 하나님의 영광이 임하시면 모든 의전이나, 일정이나, 예배 순서나, 뽑아 놓은 찬양곡 목록이나, 세심하게 세워놓은 계획들을 다 무너뜨린다. 하나님의 영광은 교회 지도자들이 통제할 수 있는 모든 수단과 노력들을 다 좌절시키고, 드러내고 혼란스럽게 하며, 심지어는 완전히 무력하게 만들기도 한다. 또한 하나님의 영광은 폭발적이며, 야성적이고, 끊임없이 역동적으로 움직이며, 깊이 파고 들어와 우리의 심령을 찔러 쪼개기까지 한다. 영광은 파도처럼 밀려 들어와서 안전그물과, 우리에게 안전감을 느낄 수 있도록 해주던 익숙한 경계선들을 다 휩쓸어가듯이 무너뜨려 버린다. 시계는 모임을 언제 시작하는지를 알려주는 데는 도움이 되지만, 모임을 언제 마쳐야 할지를 결정하는데는 전혀 도움이 되지 않는다. 교회 건물에는 언제나 사람들이 밀려들어와 복잡하고, 화장실은 아무리 청소해도 청결을 유지하기가 어려워지며, 어디를 보나 어린 아이들이 있고, 비판하는 사람들도 많이 생기게 되고, 이웃들은 불평하며, 주차장도 모자라서 자동차들은 주차장 경내를 벗어나서 양 길가에 세워져 있으며, 사업은 방해를 받으며, 그 도시의 시장들은 상황을 중재하려고 애쓰게 되며, 다른 목회자들은 자기들의 교회에서 이런 일들이 일어나지 않는 것에 대해서 은밀히 부러워하며 시기하게 된다.

그리고 사람들은 영광에 대해서 가장 이상하게 반응한다. 어떤 사람은 소리를 지르고, 다른 사람은 춤을 추며, 또 다른 사람들은 울 것이다. 어떤 사람은 손뼉을 치고, 또 어떤 사람들은 땅에 넘어지기도 할 것이며, 다른 사람들은 무릎을 꿇기도 할 것이다. 또 다른 사람들은 주체하지 못하고 몸을 떨기도 하며, 이상한 소리로 말하고, 괴상한 몸짓을 하기도 할 것이다. 그들은 식사도 거르면서, 여러 시간이나 그렇게 이상한 상태로 있기도 할 것이다. 사람들은 식료품 가게에서 만나는 모든 사람들에게 전혀 부끄러워하지 않고, 교회에서 과거와는 전혀 다른 새로운 일들이 일어나고 있다고 말하게 될 것이다.

어떤 사람들은 이렇게 말할 것이다. "안돼요. 우리는 그런 일을 원하지 않아요. 그것이 영광이라는 것이 의미하는 것이라면 우리는 그런 것을 원하지 않습니다." 영광을 경험하기 위해서는 치러야 할 가격이 너무 높다. 지도자들은 교인들을 통제하는 것을 포기하지 않으려고 한다. 주님께서는 자신의 영광을 원하지 않는 사람에게 강제로 부여하시지는 않으신다. 그러나 그들은 주님께서 그렇게 하시지 않는다는 사실이 오히려 행복하기만 하다.

2. 낙심함(Despair)

하나님의 영광에 대한 위와 같은 반응의 다른 끝에는 낙심하는 사람들이 있다. 어떤 사람들은 자기들에게 영광이 임하지 않는다는 사실에 대해서 오히려 기뻐하기도 하지만, 다른 사람들은 자기들이 평생 동안에 하나님의 영광을 결코 보지 못하게 될 것이라고 생각하면서 낙심하기도 한다. 어떤 교회들은 아예 포기해 버렸다. 그들은 더 이상 영광을 주장하거나, 몸부림치지도 않는다. 그들이 영광을 본지가 너무나 오래 되어서, 지금은 아무도 그때를 기억하는 사람이 없기도 하다. 그래서 지금 임재하심만을 구하며 애쓴다. 그들은 영광을 보게 되리라는 소망을 모두 포기해 버렸다. 그러나 사실은 임재하심에 대해서 조차 포기한 교회들도 있다.

어떤 교회들은 임재하심이 한번 지나가는 것을 볼 수만 있다고 해도 깊이 감사하는 교회들이 있다. 그들은 전형적인 프로그램의 틀(바퀴자국으로 알려진)을 따라가며, 예배시간 내내 예배 인도자는 조용히 하나님께서 이러한 상황에 대해서 한번 뭔가 돌파구를 보여 주시기를 주시기를 구한다. "하나님, 제발, 제발, 제발, 제발….제발!" 한참 만에 한 번씩은 뭔가 일어나기 시작하기도 한다. 예배가 시작된 지 25분 후에 희미한 바람이 예배당 안으로 부드럽게 불어 들어오기 시작하며, 사람들이 잠시 동안이기는 하지만 약간 얼굴을 들기 시작하며, 갈급한 심령을 가진 사람들은 "아, 이게 뭐지? 아, 느껴진다! 분명하다! 하나님의 임재하심이다!" 하고 말한다.

그리고는 그 순간의 기쁜 효과를, 점진적으로 떨어뜨리는 것으로 망쳐 버리는 것으로 끝내지 않기 위해서, 목회자는 "휴, 됐다!"는 안도감을 느끼면서 급하게 앞으로 나와서 "자리에 앉아 주시기 바랍니다."고 말하면서 안도한다. 그리고 드디어 우리가 다시 임재하심을 맛보았으니, 이제는 예배 순서를 진행하고, 다 마치고 나서 식사를 하러 나갈 수 있게 되었다는 사실에 대해서 모든 사람들이 다 안도하며 만족해한다.

어떤 교회들은 그들이 하나님의 임재하심을 조금이라도 만져볼 수 있다는 사실로 안도감을 느끼기도 한다. 그들은 하나님의 영광을 만져보리라는 희망은 아예 다 포기하고 있다. 우리가 앞에서 한 말을 잊지 말기 바란다. 우리는 임재하심을 소유하고, 승리의 함성을 지르면서도 전쟁에서는 패배할 수가 있다. 하나님의 임재하심으로는 충분하지가 않다. 어떤 교회들은 오히려 교인들이 기독교의 진정한 실체는 맛보지 못하도록, 예방 접종을 하는 정도의 미적지근한 기독교만 가지고 있다.

어떤 교회들은 더 이상 하나님의 영광을 기대하지도 않고, 그 영광을 만지고 경험해 보려는 노력도 하지 않는다. 어떤 지도자들은 어깨를 으쓱하며 그냥 수동적인 태도로 들어가 버린다. 그것은 기본적으로는 다음과 같이 말하는 것이나 다름이 없다. "그 문제에 대해서 우리가 할 수 있는 일이란 없습니다. 그냥 이대로 살아갑시다! 그리고 교인들이 그냥 살아가도록 내버려 둡시다." 어떤 교회들은 이제 더 이상 아무런 임재하심도 나타나지 않는다. 그들의 모임은 아버지의 마음과 연결되는 것과는 너무나 거리가 멀어서, 그들은 더 이상 하나님의 임재하심을 기대하거나, 구하고 주장하려고 하지도 않는다. 하나님께서 그들 가운데 나타나신지가 너무나 오래 되어서, 이제는 하나님의 임재하심을 경험하는 것에 대한 기대감도 전혀 포함되어 있지 않은 목회철학을 만들어 내기까지 했다.

어떤 사람들은 하나님의 영광이나 임재하심을 잃어버린 교회들에 대해서 깔보는 듯이 내려다보고 싶은 충동을 받기도 한다. 그러나 당신의 교회가 그들의 교회처럼 역사가 오래 되었다면, 당신도 똑같은 문제로 골치가 아프게 될 것이다. 시간이 지나면 모든 교회들에 다 그러한 일들이 일어나게 된다.

3. 초기의 상태로 돌아감(Default)

우리가 지금까지 살펴본 "기뻐함"과 "낙심함"이라는 두 가지 반응들은 여러분들 교회의 상황이 아닐 수 있다. 그러나 준비하기 바란다. 이제 살펴보려고 하는 것이 바로 여러분들 교회의 반응일 수가 있다. 여러분들은 이제부터 살펴보게 될 세 가지 반응들에 대해서 읽으면서, 우선은 그냥 웃어 버리는 것이 도움이 될 것이다. 먼저 웃기 바란다. 그러나 그 다음에는 울어도 된다.

여러분에게 하나님의 임재하심은 있지만, 영광은 임하지 않았다면 어떻게 하겠는가? 어떤 사람들은 기뻐하고, 다른 사람들은 낙심한다. 그리고 여기에 세 번째 반응이 있다. 어떤 사람은 초기 상태로 변환하는 스위치를 누른다. 이것이 무슨 말인지 설명해 보도록 하겠다.

여러분이 예배로 들어간다. 그런데 예배가 올바른 방향으로 나가고 있지 않다는 사실을 깨닫게 된다. 회중들이 아버지의 마음을 느끼게 되거나, 위로 올라가시는 성령님의 바람을 아직 타지 못하고 있다. 뭔가 분명히 잘못 되었지만, 당신은 그것이 무엇인지 전혀 알 수가 없다. 그래서 지금 무엇을 해야 할 지도 모른다.

그러한 고통과 불안의 순간에 많은 예배 인도자들은 리셋 버튼(컴퓨터 용어로 말한다면)을 누른다. 많은 예배 인도자들이 달리 무엇을 해야 할지 모를 때 누르는 리셋 버튼이 있다. "무엇을 해야 할지를 모르겠으면 리셋 버튼을 눌러라." 그렇다면 그 리셋 버튼은 무엇인가? 간단하다. 찬양을 바꾸어 다음 곡으로 넘어가라. 여러분은 충분한 경험을 통해서, 예배가 이상한 방향으로 나갈 때, 그 문제에 대한 해결책이 올바른 찬양곡을 선택하는 것은 아니라는 사실을 아주 잘 알고 있겠지만, 어쨌든 그 방법을 다시 사용해 보려고 할 것이다.

마치 블레셋과 싸우고 있는 이스라엘의 장로들처럼 여러분은 실험을 시작한다. 여러분은 적합한 찬양곡을 "찾아" 나선다. "이 노래면 되겠군." "어쨌든 그 찬양곡으로는 안되었으니까 이 곡으로 해보자." 이 때 쯤에는 당신의 등 뒤로는 땀이 흘러내리는 것이 느껴지기 시작한다. "오, 이 예배는 정말로 문제인걸. 어디 보자. 지난주에는 이 찬양이 정말로 효과가 있었으니까 이번에도 이 곡을 불러보자."

때때로 우리가 찬양에 대해서 생각하는 것은 마치 장로들이 언약궤에 대해서 생각하는 것과도 같다. 우리는 찬양을, 찬양 자체에 변화를 일으키는 어떤 능력이 있는 주물(呪物)이나 행운의 부적처럼 생각한다. 우리는 적절하게 선택한 곡이 예배가 땅으로 곤두박질하는 것을 "마술적으로" 막아내게 되기를 바라는 마음으로 새로운 찬양곡을 도입하는 것으로 예배의 진행을 바꿔 보려고 해 본다. 우리는 우리가 선택하는 찬양곡들에, 그 곡들이 가지고 있지는 않은 어떤 주술적인 힘이 있다고 생각한다. 이스라엘 백성들에게 원수를 이길 수 있는 능력은 언약궤라고 부르는 가구에 있었던 것이 아니며, 우리가 예배 가운데서 부딪히게 되는 영적 전쟁에서 승리할 수 있는 능력도 본질적으로 우리의 노래들 안에 있는 것이 아니다. 언약궤는 하나님께서 자신의 백성들에게 은혜를 베푸시는 통로였을 뿐이다. 그런데 그 통로는 잘못 사용될 수도 있는 수단이었다. 마찬가지로 위의 노래들도 하나님께서 은혜를 주시는 수단으로 사용하실 수 있는 통로이다. "마음에 감사함으로(은혜로) 하나님을 찬양하고" (골3:16). 그러나 우리는 찬양을 거의 미신적으로 잘못 사용할 수도 있다.

많은 교회들은 내가 "노래에 의존하는 예전(禮典)"이라고 부르는 것을 만들어 냈다(내가 자라고 체험한 교단적인 배경은 주로 오순절 교회이지만, 내가 지금 설명하는 현상은 단지 오순절 교단에만 국한되는 것이 아니라, 실제로 거의 모든 교단들과 신앙의 흐름들에 다 해당된다.). 나는 그렇게나 많은 교회들이, 자기들이 간절히 소원하는 바인, 예배의 영을 묶고 있는 결박을 풀기 위해서 노래들에 그렇게나 많이 의존하는 이유가 무엇인지에 대해서 스스로 질문해 보았다. 예배의 영을 자유롭게 표현하기 위해서 노래가 강력한 수단이 되는 것은 사실이다. 그러나 하나님께서는, 우리가 균형에 맞지 않을 정도로 찬양곡을 의존하는 경우에, 마치 전쟁터에서 이스라엘에게 언약궤가 아무런 힘을 발휘하지 못했듯이, 아예 우리의 찬양곡들을 무력하게 만들어 버리시는 경우들도 있다. 나는 찬양곡들로 노래하는 것을 좋아한다. 그러나 찬양을 부르는 것이 예배를 드리는 유일한 방법은 아니다. 또한 찬양을 부르는 것이, 우리에게 하나님의 마음을 만지고 경험하는 것을 도와주시기 위해서 하나님께서 은혜를 주시는 유일한 수단은 아니다.

찬양을 노래로 드리는 것 이외도 하나님께서 우리에게 은혜를 주시는 다른 "은혜의 접촉점"들도 많이 있다. 우리가 예배 시간에 성찬과, 기름을 바르는 일과, 다른 사람들의 발을 씻어 주고, 안수를 하며, 성경을 읽고, 합심으로 기도하며, 예언, 헌금, 고백과 회개, 강대상 앞으로 나오라고 초청하고 결단하는 시간, 권면, 설교 등을 통해서도 은혜가 임할 수 있다. 다시 말하면 우리의 예배 시간은 찬양 외에도 아주 많은 것으로 이루어져 있다.

우리가 예배 가운데 하나님의 영광의 문을 열려고 하는 동안에, 예배 인도자들이 단지 찬양 외의 다른 방법들로도 예배를 인도해 나갈 자유와 권한이 주어진다면 더 효과적인 예배 인도자들이 될 수 있다. 예배인도자들의 권한이 단지 찬양을 인도하는 것으로 제한된다면, 모임의 분위기를 여는 은혜의 수단으로 성령님께서 주신 방법들을 사용하는데 방해를 받게 될 것이다. 예배 인도자에게 단지 찬양을 인도하는 것 이상을 할 수 있는 자유가 주어진다면, 담임 목회자와 더 가까워져야 할 필요가 있을 뿐 아니라, 예배 인도자가 경험이 많지 않은 경우에는 담임 목회자로부터 특별한 훈련과 교육을 받아야 할 필요가 있을 것이다. 그러나 교회가 정말로 그러한 위험 부담을 감수할만한 가치가 있겠는가? 우리가 부르짖어 구하는 것이 영광이라면 그렇다! 우리는 마치 새로 선정한 찬양곡이, 하나님의 영광만이 할 수 있는 일을 이룰 수 있기라도 한 것처럼, 노래들을 다시 바꾸는 일을 해서는 안된다. 또한 나는 여기서 목회자들에게 하나님의 영광을 같이 구하며 주장하기 위해서 예배 인도자들 옆에 나란히 서는 과감한 역할을 맡아야 한다고 말하고 싶다. 목회자와 예배 인도팀이 연합하여 하나가 되는 팀 정신이 있을 때 교회 안에서 리더십이 가장 효과적으로 나타나게 될 것이다.

예배가 이상한 방향으로 진행될 때, 예배 인도자들이 다른 노래로 바꾸어 부르는 대신에, 하던 모든 일들을 다 멈추고 "우리가 하나님의 영광을 놓치고 있습니다." 하고 말한다면 어떤 일이 일어나겠는가? 우리가 모든 일을 멈추고 하나님께 다음과 같이 도움을 구한다면 어떤 일이 일어나겠는가? "하나님, 지금 이 순간에 주님의 마음에 있는 것이 무엇입니까? 주님께서 지금까지 우리가 드리는 찬양을 기뻐하시지 않으시는 것이 분명합니다. 우리가 지금 이 시간에 주님의 마음을 만지기 위해서는 어떻게 해야 합니까?" 경험이 많지 않은 예배 인도자들이라면 이러한 방법을 하나님과 회중 앞에서 점점 무거워져만 가는 책임으로부터 회피하기 위한 구실로 사용하지 않도록 주의해야 한다. 그러나 예배가 막혔을 때, 유능한 예배인도자가 하나님의 영광을 구하는 마음으로 통회하며 떨리는 심령으로 서서, 지금까지 해오던 방식대로 틀에 박힌 방법을 따라서 단지 다음 노래를 부르는 것으로 넘어가는 것이 아니라, 그러한 틀에서 벗어나기를 간절하게 바라는 마음으로, 하나님을 부르짖으며 구하는 마음을 회중 앞에서 표현하는 모험을 감행한다면, 주님께서는 우리의 그러한 믿음과 열정에 주목하신다고 믿는다.

"잠깐만요…" 나는 예배인도자들이 내 말에 대해서 항의하는 소리를 들을 수 있다. "밥 목사님, 제가 예배 인도자로서 예배시간 중간에 예배인도를 멈추고 예배가 어디로 나가는지 모르겠다는 사실을 고백해야만 한다고 말씀하시는 것입니까? 그것은 예배인도자로서 자살행위나 마찬가지가 아닙니까? 목사님은 지금 우리가 예배 중간에 멈추고 하나님께 도움을 구해야 한다고 말씀하시는 것은 아니시겠지요?"

나는 이렇게 대답하겠다. "안 되는 이유가 무엇입니까?"

"그럴 수는 없습니다. 저는 안 됩니다. 그런 식으로 제 목을 쳐달라고 내밀지는 않겠습니다." 어쨌든 전체 회중 앞에서 예배인도자인 당신이 지금 예배가 어디로 진행되는지 모르겠다는 사실을 인정하는 것보다 두려운 일은 별로 없을 것이다. 우리가 그러한 자세를 취한다면, 우리에게 우리가 무능하고, 벌거벗었으며, 상황도 수습하지 못하는 바보인 것 같은 기분이 들게 할 것이다. 다시 말하면 우리의 진정한 모습이 무엇인지가 마음으로 느껴지는 모멸감을 당하게 될 것이다.

따라서 다른 대안인 초기 상태로 돌아가는 것이다. 그냥 안전하게 다음 찬양곡으로 넘어가자. 안전지대에 머물자. 그리고 아버지의 마음을 느끼게 되며 문을 열고 새로운 차원의 영광으로 들어가게 될 가능성을 다 놓쳐 버리자.

4. 다이얼을 돌려 강도를 높임(Dial Up)

이것은 많은 예배 인도자들이 예배가 하나님의 영광의 영역으로 들어가지 못하고 있다는 사실을 깨닫게 될 때 흔히 하는 일이다. 그들의 예배에 어떤 돌파구를 만들어 나가기 위해서는 어떤 변화가 필요하다는 사실을 안다. 그래서 그들은 예배의 강도를 높이는 "다이얼을 높인다." 그들은 육신의 팔로 다시 돌아가서, 인도자들 자신의 힘으로 예배의 분위기를 끌어 올려 보려고 노력하기 시작한다.

"여러분의 목소리가 들리지 않습니다. 자, 회중 여러분! 목소리를 높여서 찬양합시다!"

이렇게 말하고는 연주자들에게 사인을 보낸다. "음을 반음 높이세요." (음을 높이면 모든 사람들이 다 좀 더 큰 목소리로 찬양하게 될 것이다.)

"우리 모두 일어나서 주님을 찬양합시다! 돌들이 여러분 대신 찬양하지 않도록 목소리를 높입시다!" (사람들이 일어나면 예배로 좀 더 깊이 들어간 것 같은 느낌이 든다.)

"다 같이 손을 들고 찬양합시다!" (이제 정말로 뭔가 일어난 것 같이 보인다.)

드럼을 치는 사람에게 살짝 신호를 보낸다. "좀 더 빠르게!"

"우리 다 같이 하나님께 박수를 올려 드립시다."

"자유로워집시다. 주님 앞에서 춤을 춥시다!"

리드 기타를 연주하는 사람에게 엄지손가락을 살짝 치켜

드는 것은 "조금 빠르게 합시다!"라는 신호이다.

워십 댄싱팀과 탬버린 연주자들에게 다른 신호를 보내면 그들은 강대상 주변으로 달려 나온다.

"여러분이 이미 승리한 사람들이라면 하나님께 승리의 함성을 올려 드립시다!"

더 빠르게, 높게, 크게, 강하게, 좀 더 긴장감 있게 강도를 높여 간다. 우리는 하나님께서 자신의 영광을 보내시지 않으신다고 해도 모든 사람들에게 우리가 정말로 하나님의 영광을 체험한 사람들이라고 믿을 수 있게 만들 정도로 충분히 모든 분위기를 다 그럴 듯하게 만들어 나갈 것이다.

예배 인도자들이 막힌 예배에 돌파구를 만들어 보려고 노력하는 것은 대개 아주 진지한 마음에서 하는 일들이다. 그러나 그렇게 하다 보면 흔히 회중의 외적인 행동과 참여도를 영적인 돌파구로 오해하는 함정에 빠지게 되는 수가 많다. 단지 모든 것의 템포가 빨라지고, 목소리도 크고 높아지며, 분위기도 고조되어 나타난다는 것이 반드시 우리가 하나님의 영광에 한 걸음 더 가까이 나갔음을 의미하는 것은 아니다. 사실 그러한 노력들이 성령님으로부터가 아니라 단지 육신적인 마음으로부터 일어난 일이라면, 실제로는 그것이 그 모임에 대한 하나님의 목적에 맞지 않는 일이 될 수도 있다. 정확한 분별력이 있는 사람들이라면, 지금 예배 인도자가 성령님 안에서 예배를 인도해 나가고 있지 않다는 사실을 깨닫게 될 것이며, 따라서 그들은 때때로 자기들의 영혼이 예배

인도자의 권면을 거스려서 반응하는 것을 발견하게 될 것이다. 거스리는 영이 예배의 모임을 사로잡게 되면 하나님의 영광을 경험하지 못하게 될 것이 분명하다.

많은 예배 인도자들은 양떼 가운데서 거스리는 반응이 나오면 뻣뻣하게 굳어지게 된다. 예배 인도자 자신의 마음 속에서 느끼는 절망감으로 인해서 찬양을 드리자는 그들의 권면도 희미해지게 된다. 예배 인도자로서 나의 개인적인 과거를 회고해 보면, 나는 예배를 인도하면서 회중들에 대해서 너무나 화가 나서 그들이 옆에 있다면 발로 차버리고 싶은 마음이 들던 적도 있었다(그들을 "양"이라고 하지 않는가? 어쨌든 당신도 알다시피 양은 어리석은 동물이다!). 나는 속으로 "나는 지금 이 예배에 나의 최선을 다하고 있는데, 당신들 회중이 할 수 있는 일이란 그저 쓸데없는 사람들처럼 의자에 앉아서, 스스로 영혼을 깨우고 고양시켜서라도 하나님을 찬양하고자 하는 모습은 전혀 없는 사람들이라구요." 하고 생각했다. 어떤 예배인도자들은 하나님의 집을 위한 열심에서 심지어 주님의 신부들을 자신들의 절망과 분노의 말로 두들겨 패기도 한다.

다음으로 넘어가기 전에 나는 내가 지금 교회에서 발견한 어떤 사실에 대해서 내 생각을 말해주고 싶다. 예배에는 근본적인 요소 두 가지가 있다. 하나는 먼저 시작하는 것이고, 그 다음에는 반응하는 것이다. 사람들은 일반적으로 예배 가운데서 성령님께서 역사하시는 모습에 대해서, 성령님께서는 우리가 "반응을 먼저 하면 그 다음에 성령님께서 역사를 시작하시는 순서"를 존중하신다고 생각하는 것 같다(먼저 성령님께서 역사를 시작하시고 회중이 반응한다는 일반적인 개념과는 반대로). 이 문제에 대해서 좀 더 설명해 보기로 하겠다.

  먼저는 우리가 하나님을 향해서 시작해 나가서, 우리의 영혼을 일깨워서 하나님께 영광스러운 찬양을 드리고, 우리의 모든 것을 다해 하나님의 뛰어나신 위대하심에 합당하게 찬양을 드린다. 이것은 우리가 하나님을 향해 나가는, 우리 편에서의 출발이다. 우리가 먼저 하나님께 반응해 나가면서 성령님의 능력을 타고 움직이는 것이며, 그렇게 함으로써 하나님께서 우리를 향해서 다가오시기 시작하도록 허용해 드리게 된다. 이제 하나님께서 이렇게 역사하시기 시작하면, 우리는 하나님의 역사하심에 반응한다. 많은 예배 인도자들은 예배를 인도하는 모델을 생각하면서, 사람들이 먼저 찬양을 드림으로써 하나님께서 사람들의 찬양을 받으시고 그 자리에 임하시기를 바라는 마음으로, 먼저 사람들이 찬양을 시작하도록 이끌어가는 예배 인도의 그림을 가지고 있다. 그러나 주님께서는 정확하게 그와 정반대의 것을 귀하게 보신다. 하나님께서는 예배 인도자들이 조심스럽게 하나님의 임재하심으로 들어와서, 하나님께서 먼저 우리를 향해서 다가오시기를 기다리고, 그 다음에 사람들이 하나님께서 시작하신 일에 반응하는 것으로써 하나님께 나가는 것을 도와주는 예배 인도자들을 귀하게 생각하신다. 이러한 예배 인도의 모델에서는 회중을 고양시키려는 노력이 훨씬 적게 나타나게 된다. 사람들의 마음을 감동시켜서 하나님을 예배하게 하는 책임이 있는 분은 예배인도자나 연주자들이 아니라, 성령님이시기 때문이다.

잠시 같이 곁길로 따라와 준 것에 대해서 감사를 드린다. 이제 다시 우리가 예배 시간에 하나님의 영광을 보지 못할 때 우리가 반응할 수 있는 다섯 번째 방법으로 돌아가 보기로 하겠다.

5. 인정하지 않음(Denial)

예배를 드리러 모인다. 그리고 25분이 지난 후에 성령님과 연결된 것이 분명하게 느껴지고, 하나님의 임재하심이 이슬처럼 예배당 안에 스며들어 온다. 회중이 주님의 임재하심에 대해서 마음을 엶에 따라서 단체적인 반응이 나타난다. 이제 예배 인도자는 단지 약간 안도감을 느끼는 정도가 아니다. 그는 속으로 "어쨌든 교회가 나를 해고시키지는 않겠군" 하고 생각한다. 사람들은 하나님께서 여전히 그들 가운데 계신다는 생각으로 만족감을 느끼면서 설교를 듣기 위해서 모두 자리에 앉는다.

예배가 마친 후 서로에게 이렇게 묻는다. "오늘 예배가 어땠어요? 아주 좋지 않았나요?"

누군가가 대답한다. "물론이지요. 정말로 좋았어요! 얼마나 아름다운 예배인지!"

"내 말은 did we have church or what?!"

"물론이지요! 오늘 정말로 had church today!"

"그리고 하나님의 임재하심에 대해서는 어땠나요? 감미롭게 느껴지지 않았나요?"

"감미롭다구요? 맞아요! 정말로 어울리는 단어이군요. 오늘 하나님의 임재하심은 너무나 감미로웠지요!"

아무도 황제가 벌거벗었다는 사실은 인정하지 않으려고 한다. 아무도 "우리는 하나님의 인재하심을 경험했지요. 그러나 하나님의 영광은 임하지 않았습니다." 하고 인정하지는 않으려고 할 것이다. 우리는 임재하심과 함성을 가지고 있지만 전쟁에서는 패하고 있다. 그러나 우리 모두는 서로에게 모든 것이 다 완벽하다는 믿음을 심어 주고 있다.

이 책을 읽는 여러분들 가운데는 여러분이 다니는 지역교회의 목회자들에 대해서 막 고민이 생기면서 "와, 우리 교회의 예배 인도자들이 이 책을 읽고 뭔가 배웠으면 좋겠다." 하는 생각이 들기도 할 것이다. 또는 여러분들 자신이 예배인도자들인 경우라면 "사람들이 나를 부인하는 사람으로 생각할까, 아니면 다이얼을 높이는 사람으로 생각할까?" 하는 의문이 들기도 할 것이다.

나는 지금 교인들의 비판의식이 더 높아지도록 기름을 붓거나, 예배 인도자들에게 불안감을 조장하기 위해서 이 책을 쓰는 것이 아니다. 내가 이 책을 쓰는 이유는 교회 안에서 보편적으로 일어나고 있지만, 인정하지는 않고 있는 일들에 대해서 절대적으로 투명해져보기 위해서이다. 내가 하는 말을 여러분이 가지고 있던 불만을 터트리는 화약으로 삼지는 말기 바란다. 그보다는 우리가 이 문제에 대해서 합력해야 한다. 그 이유는 나는 대부분의 교회 지도자들을 대표해서 우리 모두가 다, 아는 대로 최선을 다하고 있다고 장담할 수 있기 때문이다. 우리가 지도자로서 우리의 위치에 대해서 불안감을 느끼거나, 다른 사람들의 단점들이 보일 때에는 다시 새롭게 기도에 전념해야 한다. 그것이 바로 내가 이러한 말로 여러분에게 제시하는 대로 우리가 나가야 할 방향이다. 즉 하나님을 향해 나가는 것이다. 이것은 내가 말하려고 하는 마지막 번째로 이어진다.

필사적인 마음 : 올바른 반응

그렇다면 우리에게 임재하심은 있지만 영광이 없는 경우에는 우리가 어떻게 해야만 하는가? 이러한 문제에 대한 대답이 기뻐하거나, 절망하거나, 초기상태로 돌아가거나, 다이얼을 돌려 세기를 높이거나, 인정하지 않음이 아니라면, 대답은 무엇인가? 한 마디로 말한다면 그것은 "필사적인 마음"이다.

그것은 "하나님, 우리는 우리가 주님의 영광을 경험하지 못하는 이유를 모르겠을 뿐 아니라, 그 문제에 대해서 무엇을 해야 할 지도 모르겠습니다. 그저 간절히 주님을 기다립니다!" 하고 고백하는 태도를 말한다.

필사적인 사람들은 자기들의 목표를 이루기 위해서는 뭐든지 하려고 한다. 그러한 사람들은 형식이나, 다른 사람들의 견해나, 자기들이 뭐든지 다 주도권을 쥐어야 한다거나, 혹은 무리가 없도록 해야 한다는 것 등에 대해서는 전혀 개의치 않는다. 그들은 말 그대로 필사적이다!

모든 교회들은 시간이 지나면 다 어떤 정해진 "틀"을 갖게 된다. 즉 그 교회의 교인들이 편안하고 익숙하게 생각하는 예배의 형식이나 유형이 생기게 된다. 이제 교인들은 예배의 순서를 다 외우게 되었기 때문에 다음에 어떤 순서가 오게 될 것인지에 대해서 거의 정확하게 예측할 수 있다. 이러한 틀은 교인들의 안전지대가 되어서, 교인들은 교회를 그러한 틀로부터 벗어나게 만들려는 모든 것을 자기들에 대한 위협으로 간주하게 된다.

그러나 필사적인 사람들은 더 이상 안전지대를 중요한 것으로 생각하지 않는다. 그들은 단지 물 흐르듯이 부드럽게 진행되는 예배 이상의 어떤 것을 원하기 때문에, 그저 현상을 유지하는 것에 대해서는 관심이 없다. 그들에게는 하나님의 영광 이외에는 어떤 것으로도 만족할 수 없는 간절한 부르짖음이 있다!

주님께서 우리의 심령에 그렇게 필사적인 간절한 마음을 부어 주사, 우리가 "제일 교회만의 틀"을 답습하기를 중지하고, 하나님 앞에 얼굴을 땅에 대고 엎드려서 하나님의 영광을 구할 수 밖에 없도록 해 주시기를 기도한다. 여러분의 예배에 무엇이 잘못되었는지, 그리고 그 문제에 대해서 어떻게 해야 하겠는지를 모르겠다면 이렇게 해봐라. 하나님께 자문을 구하는 것이다. 바로 옆에 와 계시는 성령님을 그렇게나 그냥 쉽게 스치고 지나가 버리는 기계적인 타성을 중단하고, 필사적이고 간절하게 부르짖는 마음으로 하나님의 얼굴을 구하며 나가라. 심지어 교인들에게 다음과 같이 말해도 좋을 것이다.

"성도 여러분, 우리가 오늘 드리는 예배 가운데서 우리가 하나님의 마음을 경험했는지는 모르겠습니다. 저는 어떻게 해야 할지 모르겠습니다. 그러나 저는 하나님을 만나고 싶습니다. 우리 다 같이 주님의 이름을 부릅시다."

우리가 모든 것을 중단하고 하나님께 자문을 구하려는 가능성에 대해서 고민할 때 목회자들과 예배 인도자들은 솔직하게 다음과 같은 아주 어려운 질문들을 스스로 해 보아야 한다.

* "나는 내가 영적으로 빈곤하며 비참한 사람이라는 사실을 교회 앞에서 인정하는 창피함을 기꺼이 감수할 수 있는가?"
* "나는 위치가 불안해 지고, 해고될 지도 모른다는 상황이라도 받아들일 수 있는가?"

* "주도권을 잃는 상황도 받아들일 수 있는가?"

이렇게 하기 위해서는 지도자들이 온 교회 앞에서 겸손과 상한 마음이라는 옷을 입어야 한다. 그러나 하나님께서 우리에게 진정으로 필사적인 마음을 주셨다면, 우리는 위와 같은 문제들에 대해서는 전혀 신경도 쓰지 않을 수 있게 된다. 무엇보다도 나는 하나님의 영광을 보아야만 하기 때문에, 설사 내가 불안한 마음으로 인해서 다른 사람들에게 심지어 좀 바보처럼 모자란 사람으로 보인다고 하더라도 전혀 상관이 없다!

불행하게도 많은 목회자들과 예배팀들은 그저 "주어진 직업상의 일을" 하기 위해서 예배로 나온다. 그들이 생각하는 자기들의 직업상의 일이란 성공적인 예배를 이끌어 내는 것이며, 따라서 이들은 대부분의 교인들이 만족감과 충만한 느낌을 가지고 예배를 마치고 교회를 떠나면 자기들이 성공했다고 생각한다. 이러한 "직업적인 임무 수행"이라는 생각이야 말로 예배 인도자들을 피고용인으로 만드는 일이 될 수 있다. 즉 예배 가운데 자기들의 마음을 하나님께 드리는 사람이 아니라, 자기 외의 다른 모든 사람들이 그들의 사랑을 하나님께 드리도록 해주는 사람들이 되는 것이다. 이러한 예배 인도자들은 더 이상 목표를 이루지도 못하고 하나님을 기쁘시게 하지도 못한다.

나는 예배 인도의 정의를 다음과 같이 내린다. 예배 인도란 "우리의 개인적으로 간절하고 필사적인 부르짖음을 사람들에게 공표하는 것이다." 이렇게 하기 위해서는 우리가 우리의 공허한 마음을 드러내고, 하나님을 간절히 사모하는 우리의 개인적인 마음을 전체 회중 앞에서 하나님께 표현해 드리는 것을 포함한다. 하나님 앞에서 솔직해 보자. 여러분은 여러분이 개인적으로 하나님과 동행하는 문제에 대해서, 진정으로 어느 수준에 있다고 생각하는가? 여러분은 사람들에게 당신이 하나님을 필사적으로 찾아 구하는 모습을 드러내 보여주려는 마음이 있는가? 나는 만일 여러분이 솔직하게 갈등과 기쁨을 가지고 있는 채로 사람들 앞에 나와서, 당신의 마음을 투명하게 하나님께 올려 드린다면, 전체 회중이 모두 간절한 마음으로 당신을 따라서 왕의 임재하심 속으로 들어가려고 할 것이라고 생각한다. 우리는 모임을 잘 이끌어 나가기 위해서 모인 것이 아니라 하나님과 만나기 위해서 모였다! 하나님 만나기를 필사적으로 사모하는 예배 인도자들은, —사실 양떼는 인도자들을 따라서라면— 모든 것을 포기하는 필사적인 마음으로 하나님의 영광을 구하는 길로 따라가는 것 이상의 일이라도 기꺼이 하려고 한다는 사실을 발견하게 될 것이다.

Chapter 7

영광의 세계를 경험하다

나는 절대적으로 그리고 필사적으로 하나님의 영광을 보기 원한다. 나는 여러분들도 그럴 것이라고 믿는다! 우리가 가질 수 있는 가장 거룩한 열망은 하나님의 영광에 대한 열망이다. 오! 하나님의 영광을 보기 원한다! 이것이 바로 모세의 부르짖음이었다. 모세는 이렇게 기도했다. "원하건대 주의 영광을 내게 보이소서"(출33:18). 하나님께서 모세의 기도를 응답해 주셨다는 사실은 하나님께서 하나님의 영광을 부르짖어 구하는 우리의 기도를 들어주시고 응답해 주시기를 좋아하신다는 사실을 보여 주는 증거이다. 영광이 임하고 있다. 하나님께서는 바로 당신이 그 영광을 만지고 경험하기를 원하신다.

나는 이 장에서 우리가 그렇게나 간절히 원하는 이 영광이 어떤 것인지, 그리고 우리가 그 영광을 어떻게 경험할 수 있는지에 대해서 설명하려고 한다. 이 장에 대한 나의 목표는 단지 여러분에게 그러한 영광의 실체에 대해서 눈을 열어 주려는 것이 아니라, 당신에게 하나님의 영광을 보고자 하는 새로운 열정에 불을 붙여주려는 것이다. 여러분이 이 장을 기도하는 마음으로 읽는 동안에 주님께서 여러분의 심령을 깊이 움직이셔서, 하나님의 영광을 보고자 하는 열망을 새롭게 일으켜 주시기를 기도한다.

모세가 "원하건대 주의 영광을 내게 보이소서"(출33:18)라고 기도할 때의 배경은 너무나 중요하다. 모세가 이 기도를 하기 전에 우리가 살펴 볼 만한 중요한 사건들이 많이 일어났었다. 성경에 모세처럼 하나님의 영광을 직접 대면해서 보았던 사람은 거의 없다. 그러한 영광의 사건은 모세가 광야에서 지내는 동안에 불타고 있지만 완전히 타서 없어지지 않는 가시덤불을 보았던 날로부터 시작한다.

여러분이 모세 이야기에 대해서는 아주 잘 알고 있을 수도 있겠지만, 여기서 그가 하나님의 영광과 권능을 만나던 상황을 다시 복습해 보도록 하겠다.

* 모세는 사막에서 가시덤불에 불이 붙었지만 완전히 타서 사라지지 않는 것을 보았다. 그때 모세는 하나님께서 모세의 귀에 들리는 음성으로 그가 서 있는 땅이 거룩한

곳이니 신을 벗으라고 하시는 명령을 듣는다. 하나님께서는 모세에게 하나님의 백성을 애굽에서 인도하여 내서 약속의 땅으로 들어가라고 부르시는 음성을 듣는다.

* 모세가 자기 손에 있던 지팡이를 던지자 뱀으로 변했고, 그가 그 뱀의 꼬리를 붙잡자 다시 지팡이로 변했다.
* 모세가 자기의 손을 품 속에 넣었다가 꺼내자 문둥병이 생겨 있었다. 그가 다시 손을 품에 넣었다가 꺼내자 완전히 치유되어 있었다.
* 모세는 애굽에 끔찍한 재앙들이 열 가지가 임하는 것을 보았다. 피, 개구리, 이, 파리, 가축의 죽음, 종기, 우박, 메뚜기, 어두움, 장자가 죽는 재앙 등이다. 모세는 바로 자신의 눈 앞에서 하나님이 보내시는 이러한 심판이 애굽에 임해서 그 나라 전체가 황폐하게 되는 것을 보았다.
* 홍해를 건널 때에도 바로 옆의 바다에는 아주 강한 바람이 불어서 바다가 갈라지는 동안에, 땅에서는 이스라엘을 보호해 주시기 위해서 숨도 쉴 수 없는 짙은 안개 같은 구름이 이스라엘 백성과 애굽 군대 사이를 가로막고 있었다.
* 이스라엘 백성들은 물이 갈라져서 양쪽 벽을 이루는 곳을 통해서, 마른 땅을 건너는 것 같이 홍해를 건넜다.
* 이스라엘 백성들은 홍해 건너편 해변에서 바다가 다시 합쳐져서 전 애굽 군대를 다 몰살시키는 것을 지켜 보았

다. 해변에는 시체들이 널려 있었다.
* 나무를 베어 던지자 마라의 쓴 물이 마실 수 있는 물로 변했다.
* 하늘에서 지표면으로 만나가 내렸다. 그리고 모세가 바위를 치니 물이 나오기도 했다.
* 그리고 이제 드디어 이스라엘 백성들은 시내산에 도착했는데, 하나님께서도 친히 불과 짙은 구름 가운데서 그 산으로 임하셨다. 큰 버섯구름이 하늘로 올라가는 가운데 번개가 치고 천둥이 울리고, 온 산이 진동하는 가운데 계속 커지는 나팔 소리를 들었다. 드디어 그들은 하나님께서 친히 말씀하시는 음성을 들었다. 하나님께서는 사람이나 동물을 무론하고 누구든지 감히 그 산으로 올라오면 죽게 될 것이라고 경고하셨다. 그리고 모세에게는 "산 위로 올라오라"고 말씀하셨다.
* 모세는 하나님의 명령을 듣고 산 위로 올라가서, 그 곳에 임해 있는 하나님의 영광의 불 가운데서 40일씩 두 번이나 머물렀다.
* 그때 모세는 하나님의 영광을 보여 주시기를 구했고, 그래서 하나님께서는 모세에게 자신의 등을 보여 주셨다.

영적인 강도(强度)의 여러 다른 수준들

여러분은 위에서 간단하게 살펴본 순차적인 사건들에서

모세가 만난 하나님의 영광의 정도가 전체적으로 증가하고 있다는 사실을 발견했을 것이다. 모세가 본 하나님의 영광은 불붙은 가시떨기 나무를 보는 것으로부터 시작하여 점점 크게 증가하다가 하나님의 등을 보는 것에서 정점을 이루고 있다. 이 사실은 영적인 실체들의 강도의 진폭은 아주 넓다는 사실을 강조해 주고 있다. 마치 라디오에서 소리의 볼륨 조절장치를 작동하는 것 같다. 하나님께서는 영적으로 친히 자신의 모습을 나타내 보여주시는 정도를, 거의 아무 소리도 들리지 않는 것으로부터 시작해서 귀가 터질 정도로 천둥소리처럼 크게 들릴 때까지 높여 나가신다.

임재하심에도 다양한 강도가 있다. 영광에도 다양한 강도가 있다. 먼저 임재하심의 다양한 강도에 대해서 살펴보기로 하자.

우리는 예배하면서 그리스도의 임재하심의 강도의 수준이 여러 가지로 다르게 나타난다는 사실을 깨닫는다. 가장 기본적인 수준은 하나님은 무소부재(無所不在, 언제 어디에나 계시지 않은 곳이 없음) 하신 분이라는 사실이다. 그러므로 하나님께서는 언제나 우리와 함께 하신다. 그보다 높은 수준은 하나님의 백성들이 예수님의 이름으로 모일 때 친히 그 자리에 "와계신다"는 것이다. : "두세 사람이 내 이름으로 모인 곳에는 나도 그들 중에 있느니라"(마18:20). 하나님의 백성들이 다 같이 하나님을 예배하며 찬양할 때에는 하나님의 임재하심이 그보다 훨씬 더 분명하게 나타난다. "이스라엘의 찬송 중에 계시는 주여 주는 거룩하시니이다"(시22:3). 다시 말하면 우리가 다 같이 하나님을 찬양할 때 하나님께서 자신의 백성들 가운데 좌정하신다는 것이다. 이러한 차원의 임재하심은 손으로 만져지는 것처럼 분명하다. 그래서 우리가 함께 하나님께 예배할 때는 하나님의 임재하심이 우리와 함께 하시는 것을 분명하게 느끼게 되는 경우가 종종 있다. 때로는 회중이 하나님을 찬양하는 동안에 하나님께서 그 곳에 임재하여 계신다는 사실을 다 같이 아주 분명하게 인식하게 되기도 하며, 어떤 때는 하나님께서 강력하게 임재하셔서 그 자리를 완전히 장악해 버리시기도 한다.

하나님께서는 우리에게 자신의 임재하심을 약속해 주셨다.

* "내가 친히 가리라[즉, "나의 임재하심이 너와 함께 가리라"], 내가 너를 쉬게 하리라"(출33:14)
* "볼지어다 내가 세상 끝날까지 너희와 항상 함께 있으리라 하시니라"(마28:20)
* "내가 결코 너희를 버리지 아니하고 너희를 떠나지 아니하리라 하셨느니라"(히13:5)

우리는 우리에게 느껴지는 하나님의 임재하심이 약하든지 강하든지 간에, 하나님께서는 언제나 우리와 함께 하신다는 확신을 가지고 있다. 당신은 하나님께서 당신과 함께 하신다는 사실이 위협이 될 수도 있고 약속이 될 수도 있을 것이라고 생각할 것이다. 그러나 우리는 하나님께서 소멸하시는 불이시라고 할지라도 우리의 인생 가운데 하나님의 임재하심이 임하기를 간절하게 갈망하고 있다.

하나님의 임재하심이라는 영역에 정도의 수준이 있는 것과 마찬가지로 영광의 영역에도 여러 가지 다른 강도가 있다.

영광의 강도(强度)

모세가 하나님의 영광을 충만하고 완전한 최고의 강도로 경험한 것은 아니라는 사실은 분명하다. 하나님께서 최고의 강도의 영광을 보여주셨다면 모세는 분명히 현장에서 즉사하였을 것이다. 여기에 대해서는 의문의 여지가 없다(출 33:20). 하나님께서는 모세에게 희석된, 혹은 낮은 단계의 영광을 보여 주실 수밖에 없으셨다. 그러나 그렇다고 해도 모세가 경험한 하나님의 영광은 그가 그 순간까지 경험했던 것보다도 —비록 모세가 40일도 훨씬 넘는 기간 동안, 실제로는 40일씩 두 번이나, 하나님의 영광의 불 속에서 지내기도 했었지만— 훨씬 더 높고 큰 수준의 영광이었다.

뒤에서 나오는 그래프는 조잡하고 그렇게 잘 만든 것이라고는 생각하지 않지만, 하나님의 임재하심과 영광이 나타나는 점진적인 강도를 설명해 보기 위해서 내가 만들어 본 것이다. 이 그래프를 단지 하나님의 그 엄청난 임재하심과 영광을 묘사하는 걸음마 단계라고만 이해해 주기 바란다.

나는 임재하심과 영광을 서로 포함해서 이어지는 것으로 본다. 하나님의 임재하심이 너무나 강력해지면, 하나님께서는 경계선을 넘으셔서, 우리에게 느껴질 정도로 분명하게 자신의 영광을 나타내신다. 이 그래프에는 끝나는 지점이 없다. 하나님의 영광의 강도 자체가 무한한 것이기 때문이다. 무소부재하신 하나님의 임재하심은 ―지구의 95퍼센트의 사람들이 언제나 느끼며 살아가는 수준의 임재하심―, 임재하심의 영역에서는 제로나 1의 수준에 표기될 수 있다. 회중이 다 같이 모여서 열기 높은 예배를 드릴 때 나타나는 하나님의 임재하심의 정도는 9나 10으로 표기될 수 있을 것이다. 그 다음에는 임재하심에서 영광으로 넘어가게 되는데, 여기서 인식의 경계선을 넘게 된다. 하나님께서 아픈 사람을 치유하실 때 영광이 나타나는 지수는, 영광의 영역에서 12쯤에 표기될 수 있을 것이다. 생존의 경계선은 하나님의 영광이 아주 강렬하기 때문에 이 육신을 입은 사람이 그러한 수준의 영광에 노출되면 그 앞에서 죽임을 당하게 되는 지점을 말한다.

사실 나는 영광의 다양한 정도에 대해서는 어떻게 쓰거나 설명해야 할지를 모르겠다. 그러한 영광의 영역 대부분은 내가 오늘 날까지도 개인적으로 체험해 보지 못한 영역이기 때문이다. 나는 시편 19편 1절을 보면서 그 구절이 영광의 가장 낮은 수준을 가리키는 것이라는 사실을 알게 되었다. "하

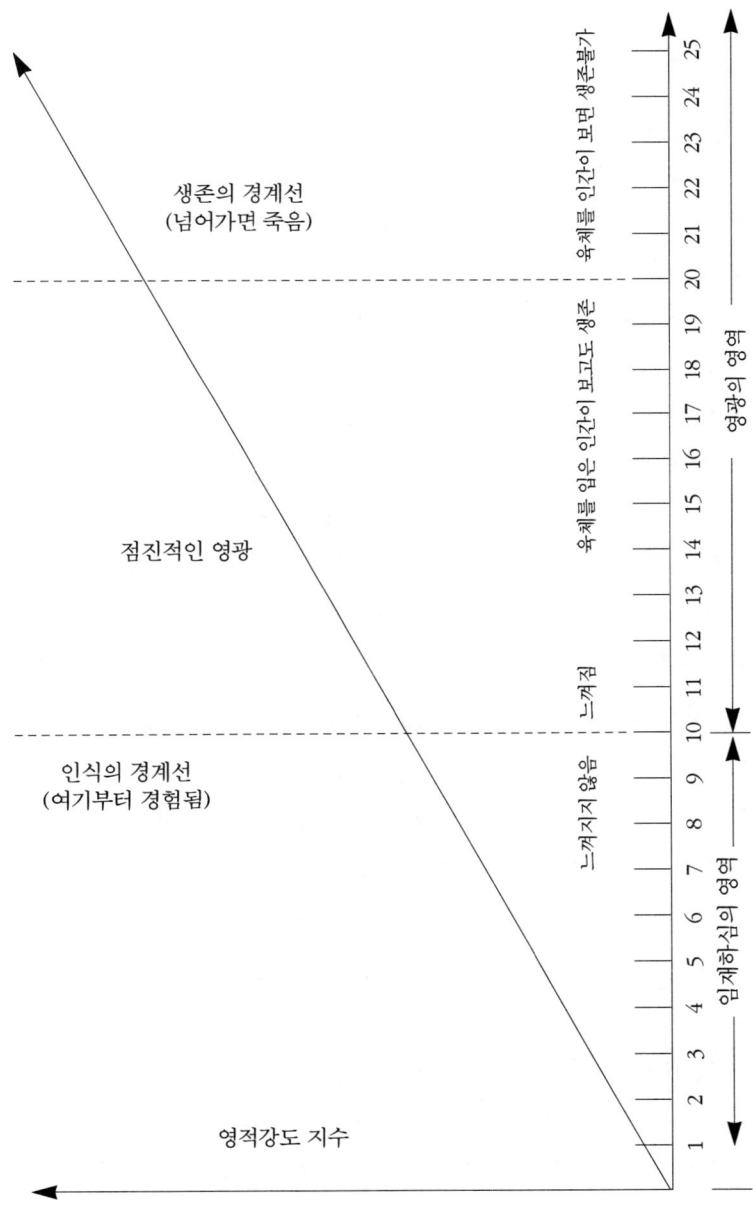

늘이 하나님의 영광을 선포하고". 실제로는 이런 수준에서의 영광은 경험되지 않는다. 우주를 보면서 우주가 하나님의 영광을 말해주고 있다는 사실을 알게 되는 수준이다. 이 우주는 "하나님이 계신다, 하나님의 영광은 실제로 존재한다!"고 큰 소리로 부르짖는다. 그러나 하늘을 바라본다고 해서 그러한 영광을 경험하는 것은 아니다. 우주는 하나님의 영광이라는 것이 있다는 것을 지적해 줄 뿐이다.

나는 성경이 보여주고 있는 최고 강도의 영광은 요한계시록 15장 8절에 기록되어 있다고 생각한다. "하나님의 영광과 능력을 인하여 성전에 연기가 차게 되매 일곱 천사의 일곱 재앙이 마치기까지는 성전에 능히 들어갈 자가 없더라" 이 구절은 솔로몬의 성전이나 세상의 그 어떤 성전에 대해서 말하는 구절이 아니다. 이 구절은 지금 하늘나라에 있는 진정한 성전에 대해서 이야기 하고 있다. 하나님의 영광이, 천사나 장로들이나, 그룹이나, 살아있는 피조물(생물)이나 그 어떤 존재라도 감히 그 영광 안으로는 들어갈 수 없을 정도로 강렬하게 하늘나라의 성전을 채우고 있다. 이러한 강도의 영광은 우리가 앞에서 보았던 "그래프"의 범위를 벗어난 영광이다. 하나님의 보좌에 거하며, 불 섞인 유리 바다 사이에 거하는 거룩한 성도들도 하나님의 영광이 나타날 때, 그 충만한 영광을 감당할 수 없다는 사실을 생각해 보면 너무나 놀라운 일이다. 그러나 성경이 암시해 주는 바에 의하면, 지금 교회인 우리는 그러한 영광을 위해서 준비되어 가고 있다.

바로 하나님께서 우리가 하나님의 보좌에 있는 살아있는 피조물(생물)들 조차도 감당할 수 없는 차원의 영광으로 우리를 데려갈 준비를 시켜 주고 계시는 것이다. 예수님의 신부를 기다리고 있는 영광은 우리의 모든 상상을 초월하는 엄청난 영광이다! 성도들이여, 성경의 증거는 틀림이 없다. 우리는 하나님께서 우리를 위하여 준비하신 모든 것이 무엇인지는 전혀 알지 못한다. 그러나 그러한 일들에 대해서는 그저 생각만 해도 영광스러울 뿐이다.

다시 모세의 이야기로…

다시 시내산 위의 모세 이야기로 돌아가 보기로 하자. 이 이야기는 성경 전체에서 가장 장엄한 이야기들 가운데 하나이다. 모세는 하나님의 부르심에 순종해서 산으로 올라가서, 하나님이 계시는 짙은 어두움 속으로, 하나님의 불 자체 속으로 들어간다. 모세는 먹거나 마시지도 않고 그곳에서 40일을 보냈다. 그 동안에 모세는 돌비석에 새겨진 십계명을 받았다.

모세는 시내산을 내려와서 백성들이 금송아지를 경배하고 있는 것을 보고, 십계명이 기록된 돌 비석을 깨트려 버리고, 금송아지를 부숴버린 후에 다시 시내산으로 올라가서 두 번째 40일을 보낸다. 모세는 시내산에서 모두 80일 동안 머물렀다! 먹을 것도, 마실 것도 없이, 단지 하나님의 직접적인 임재하심 안에서 살았다. 모세 자신은 깨닫지 못했지만, 그도 하나님의 불과도 같은 광채를 받아 빛나서, 그의 얼굴도 얼굴 자체의 광채로 빛나기 시작했다. 모세가 그의 고전적인 기도인 "주의 영광을 내게 보이소서"라는 기도를 한 것은 바로 그가 두 번째로 시내산에 올라갔던 이번의 사건에서 있던 일이다.

하나님의 응답

나는 하나님께서 모세의 그러한 요청에 대해서 화를 내실 것이라고 생각했다. 나는 자연스러운 생각으로 하나님께서 "모세야, 너는 그 모든 것을 다 보고도, 또한 내가 지금까지 너에게 보여준 모든 영광으로도 만족하지 않고, 어떻게 더 달라고 뼈만 앙상하게 남은 작은 손을 내밀 수가 있느냐?" 하고 말씀하시는 모습이 상상된다. 그러나 하나님께서는 화를 내신 것이 아니라 오히려 실제로는 그러한 요청을 기뻐하셨다. 이제 출애굽기 33장에 나오는 이야기를 12절부터 살펴보기로 하자(살펴보기 편하게 하기 위해서 절의 숫자를 함께 실었다.).

> 12모세가 여호와께 아뢰되 보시옵소서 주께서 내게 이 백성을 인도하여 올라가라 하시면서 나와 함께 보낼 자를 내게 지시하지 아니하시나이다 주께서 전에 말씀하시

기를 나는 이름으로도 너를 알고 너도 내 앞에 은총을 입었다 하셨사온즉 13내가 참으로 주의 목전에 은총을 입었사오면 원하건대 주의 길을 내게 보이사 내게 주를 알리시고 나로 주의 목전에 은총을 입게 하시며 이 족속을 주의 백성으로 여기소서 14여호와께서 이르시되 내가 친히 가리라 내가 너를 쉬게 하리라 15모세가 여호와께 아뢰되 주께서 친히 가지 아니하시려거든 우리를 이 곳에서 올려 보내지 마옵소서 16나와 주의 백성이 주의 목전에 은총 입은 줄을 무엇으로 알리이까 주께서 우리와 함께 행하심으로 나와 주의 백성을 천하 만민 중에 구별하심이 아니니이까 17여호와께서 모세에게 이르시되 네가 말하는 이 일도 내가 하리니 너는 내 목전에 은총을 입었고 내가 이름으로도 너를 앎이니라 18 모세가 이르되 원하건대 주의 영광을 내게 보이소서 19여호와께서 이르시되 내가 내 모든 선한 것을 네 앞으로 지나가게 하고 여호와의 이름을 네 앞에 선포하리라 나는 은혜 베풀 자에게 은혜를 베풀고 긍휼히 여길 자에게 긍휼을 베푸느니라 20또 이르시되 네가 내 얼굴을 보지 못하리니 나를 보고 살 자가 없음이니라 21여호와께서 또 이르시기를 보라 내 곁에 한 장소가 있으니 너는 그 반석 위에 서라 22내 영광이 지나갈 때에 내가 너를 반석 틈에 두고 내가 지나도록 내 손으로 너를 덮었다가 23손을 거두리니 네가 내 등을 볼 것이요 얼굴은 보지 못하리라 (출33:12-23)

하나님께서는 14절에서 모세에게 "내가 친히 가리라"(譯註- 문자적으로는 "나의 임재함이 너와 함께 하리라")고 말씀하셨다. 이 말씀은 33장 앞부분에서 하나님께서 직접 이스라엘 백성과 함께 가시는 대신에 천사를 보내서 그들과 함께 가나안 땅으로 들어가게 하시겠다던 입장을 실제적으로 바꾸신 것이다. 거기서 하셨던 하나님의 말씀의 요지는 다음과 같았다. "나는 너희와 함께 올라가지 아니하리니 너희는 목이 곧은 백성인즉 내가 길에서 너희를 진멸할까 염려함이니라 하시니"(출33:3). 하나님께서는 자신이 친히 자신의 백성들에게 가까이 갈 때마다, 자신의 거룩하신 성품과, 백성들의 완악함을 인해서, 그들이 수천 명씩 죽어나가게 될 상황을 원하지 않으셨던 것이다. 그러나 모세가 여호와께 간구했고, 그래서 하나님께서 생각을 바꾸셨다. 하나님께서는 그들과 친히 함께 가시기로 결심하셨다. 하나님께서는 14절에서 모세에게 "내가 친히 함께 가리라"고 확답해 주셨다.

15절에 나오는 모세의 대답은 기본적으로 다음과 같은 내용이었다. "오, 좋습니다, 하나님! 만일 주님의 임재하심이 (즉, 여호와께서) 우리와 함께 가시지 않으신다면 우리는 가고 싶지도 않습니다. 만일 주님께서 우리와 함께 가시지 않으신다면 나는 이 백성을 인도하고 싶지도 않습니다."

16절에서 모세는 하나님의 임재하심이야 말로 하나님이 백성을 구별해 주는 표시라는, 아주 황홀한 주장을 하고 있다. 우리가 연합으로 모이는 모임들은 세상의 나이트클럽이나 술집의 모임들과 비슷한 점이 많다. 두 곳 모두 좋은 사람들과의 만남, 훌륭한 음악, 심지어 훌륭한 음식과 음료수도 마련되어 있다. 그러나 그들에게는 없는 것 한 가지가 있는데, 그것은 바로 하나님의 임재하심, 즉 하나님(the Presence of God)이다! 하나님의 임재하심이 없다면 우리는 교회의 문들을 닫고 세상으로 가도 좋을 것이다. 우리를 다른 모든 사람들과 구분시켜 주는 것은 하나님의 임재하심이다.

17절에서는 하나님께서 자신의 그러한 약속에 대해서 두 번째 확신을 주신다. 하나님의 말씀은 기본적으로 다음과 같다. "좋다. 모세야. 그 말도 들어 주겠다. 나의 임재를 보장해 주겠다. 내가 너희와 함께 가겠다." 하나님의 이러한 놀라운 보장과 확신의 말씀은 오늘 날의 우리에게도 계속된다. 하나님께서는 지금도 우리와 함께 해 주시겠다고 약속하신다. "두 세 사람이 내 이름으로 모인 곳에는 나도 그들 중에 있느니라"(마18:20). 우리의 모임들 가운데 그리스도의 임재하심이 함께 하신다는 사실은 절대적으로 보장되어 있는 일이다. 우리가 찬양을 함으로써 하나님의 임재하심을 불러들일 필요는 없다. 또한 우리가 손뼉을 치거나 크게 소리를 질러서 하나님의 임재하심이 깨어나도록 할 필요도 없다. 또한 우리가 기도를 함으로써 하나님의 임재하심이 위로부터 임하도록 할 필요도 없다. 우리가 주님의 이름으로 모일 때에 하나님의 임재하심이 즉각적으로 확실하게 우리

가운데 임하는 것이기 때문이다! 할렐루야! 하나님께서 우리와 함께 하신다.

그러나 이제 모세는 18절에서 하나님께 다음과 같이 대답한다. 모세가 거기서 하는 말을 내가 이해하는 대로 의역해 보기로 하겠다. "여호와여, 주님의 임재하심에 대해서 감사드립니다. 주님의 임재하심이 없다면 저는 포기하겠습니다. 주님께서 주님의 임재하심을 우리에게 약속해 주신 것이 너무나 기쁩니다. 우리에게는 주님의 임재하심이 필사적으로 필요합니다! 그러나…"(모세는 여기서 잠시 주저하면서 머뭇거린다) "…그러나 그것만으로는 충분하지가 않습니다. 저는 그 보다 더 많은 것을 원합니다. 단지 주님의 임재하심 이상을 원합니다. 주님의 영광을 원합니다. 원하오니 주의 영광을 내게 보여 주시옵소서!"

여호와께서는 모세의 그러한 요청에도 동의하심으로써, 모세의 그러한 요청이 하나님께도 기쁜 일이라는 사실을 보여주셨다. 여호와의 응답은 다음과 다를 바가 없다. "오우 케이, 모세. 이번에도 예스이다! 내가 이렇게 하겠다. 내가 나의 모든 선함을 네 앞으로 지나가게 하고, 여호와의 이름을 네 앞에서 선포하겠다. 그리고 은혜를 베풀 자에게는 은혜를 베풀 것이며, 긍휼을 베풀 자에게는 긍휼을 베풀도록 하겠다." 하나님께서는 모세에게 역사상(예수님께 대해서는 제외하고) 그 어떤 사람들에 대해서보다도 가장 특별한 방식으로 친히 자신을 계시해 주시기로 하셨다.

영광이란 정확하게 무엇인가?

이 이야기가 제시하는 첫 번째 질문은 이것이다. "하나님의 영광이란 무엇인가?" 우리가 하나님의 영광을 보여 달라고 기도할 때 우리가 실제로 구하고 있는 것은 무엇인가?

나는 하나님께서 19절에서 우리에게 영광에 대해서 2중적인 의미를 친히 설명해 주셨다고 믿는다. 영광의 첫 번째 국면은 하나님께서 하신 말씀에 나온다. "내가 나의 모든 선한 형상을 네 앞으로 지나게 하고" 근본적으로는 이렇게 말씀하신 것이다. "모세야, 너는 정말로 중요한 어떤 것을 보게 될 것이다. 너는 나의 영광을 너의 자연적인 눈으로 보게 될 것이다." 그러므로 영광과 관련된 첫 번째 사실은 영광은 자연적인 감각 수준에서 다섯 가지 감각들 가운데서 하나나 그 이상의 방법으로 인지될 수 있다는 것이다. 하나님의 영광이 나타난다는 것은 영적인 실체를 말 그대로 눈으로 보고, 듣고, 맛보고, 냄새 맡으며 실제로 느끼고 체험하게 된다는 것이다. 하나님의 영광은 "내적인 인상이나 느낌" 차원의 문제가 아니라 실제로 물리적으로 경험하는 것이다. 어떤 사람들은 실제로 예배 시간에 천국의 향기 냄새를 맡기도 했다. 어떤 사람은 구름이나, 천사들이나, 심지어는 예수님의 모습을 직접 보기도 한다. 다른 사람들은 천사들이 하는 노래나 하나님께서 말씀하시는 음성을 듣기도 한다. 여러분이 실제로

신체적인 감각의 차원에서 느껴지는 어떤 영적 체험을 한다면, 영광의 세계를 만지는 경험을 하고 있는 것이다. 이것이 바로 영광의 전반부이다.

영광의 후반부는 주님께서 19절에서 하시는 다음의 말씀에 설명되어 있다 "여호와의 이름을 네 앞에 반포하리라" 하나님께서는 다음과 같이 말씀하고 계신다. "모세야, 내가 네 앞에서 나의 이름을 육신의 귀의 차원을 넘어서 진정으로 영적인 차원에서 들리도록 선포할 것이다. 내가 네 영 안에서 내가 해 주는 말들이 폭발하도록 할 것이다. 네 마음과 생각 안에서 지혜와 계시의 영이 마치 폭탄 같이 터지게 될 것이다. 그러면 너의 이해의 눈이 밝아져서 실제로 네가 내가 해 주는 말의 온전한 의미를 이해하게 될 것이며, 따라서 너는 나를 더 잘 알게 될 것이다." 이것이 바로 하나님께서 인간의 영에게 하나님을 계시해 주신다라는 의미이다. 이 보다 더 좋은 일은 없다! 이것이 바로 영광에 대해서 내가 가장 흥분하는 부분이기도 하다. 이것은 단지 감각으로 느껴지는 체험이 아니다. 그러나 이 일도 체험이다. 즉 성령님께서 초자연적으로 역사하셔서 우리가 우리의 속사람에서 영적인 진리를 이해할 수 있도록 해주셔서, 우리가 하나님을 더 잘 알게 되는 체험인 것이다. 와우!

영광에 대한 이러한 이중적인 정의는 사도 요한이 했던 체험과도 일치한다(성경에 나오는 많은 다른 사람들 뿐 아니라). 요한계시록 1장에서 요한이 말해주는 이야기에 따르면 그는 말 그대로 자기의 자연적인 육체의 눈으로 부활하신 그리스도를 보았다. 그러나 그 체험이 그것으로 끝난 것은 아니다. 예수님께서는 요한에게 자신의 이름을 선포해 주신다. "나는 알파와 오메가라 이제도 있고 전에도 있었고 장차 올 자요 전능한 자라 하시더라. 곧 살아 있는 자라 내가 전에 죽었었노라 볼지어다 이제 세세토록 살아 있어 사망과 음부의 열쇠를 가졌노니"(계1:8, 18). 그리스도께서 요한의 영을 향하여 직접 이러한 놀라운 진리를 말씀해 주셨을 때, 요한에게는 갑자기 그리스도의 이러한 말씀에 대한 계시적인 통찰력이 밀려 들어와서 가슴이 벅차오르며, 터질 것 같은 기분이었을 것이다. 요한은 단지 보고 들었을 뿐 아니라 이해하게 되었던 것이다. 이것이 바로 영광이다!

영광은 휘장을 걷고 들어가는 지성소의 세계이다(고후 3:18). 즉 하나님께서 영원한 세계로부터 우리를 가로막고 있는 휘장을 걷어내시고 영적인 실체를 우리에게 보여주실 때 경험하게 되는 세계이다. 나는 하나님의 영광을 "하나님의 실체가 인간의 영역으로 진입해 들어오는 것"으로 정의했다. 하나님의 영광은 아주 실제적이다. 사실은 물리적인 우주보다도 더 실제적이다. 그러나 우리의 눈에는 보이지 않는다. 그러나 때때로 하나님께서 자신의 영적인 실체로 우리의 물리적인 세계로 진입해 들어오신다. 그런 일이 일어날 때 우리는 영광을 맛보게 된다.

어떻게 해야 영광의 세계를 경험하게 되는가?

나는 이러한 문제들에 대해 쓰면서 거룩한 가슴앓이를 했다. 나의 마음은 기대감과 갈급함과 간절한 마음으로 아파오기 시작했다. 아마 여러분도 이 책을 읽으면서 비슷한 경험을 했을 것이다. 그렇다면 당연히 나오게 되는 질문은 이것이다. "어떻게 해야 영광의 세계를 경험하게 되는가?"

우리는 하나님의 영광을 몹시도 원한다. 따라서 우리는 우리가 직접 그 영광을 경험하는 방법을 알기를 원한다. 우리는 모세의 체험을 읽는 것으로는 만족할 수가 없다. 우리가 단지 모세를 통해서 대리적으로 하나님의 영광을 체험하는 것은 원하지 않는다. 우리는 직접 하나님의 영광을 경험하기 원한다! 그러나 그러한 영광을 체험하기 위해서는 우리가 어떻게 해야만 하는가?

모세의 경우를 보면 우리는 하나님의 영광을 구해야 한다. 영광이란 우리가 직접 구하고 주장해서 얻어야 한다. 영광이 저절로 여러분의 무릎에 떨어지지는 않으며, 여러분이 추구해야만 한다. "원하건대 주의 영광을 내게 보이소서"

그러나 우리가 영광을 구한다고 해서 우리가 원하는 것을 완전하게 다 얻게 된다는 것을 보장해 주는 것은 아니다. 하나님께서 19절에서 계속해서 말씀해 주시는 것처럼, 하나님께서는 실제로 우리에게 하나님께서 하시는 일에 대해서 어떤 것을 보여 주시고 계신다. 하나님께서는 이렇게 말씀하신다. "나는 은혜 줄 자에게 은혜를 주고 긍휼히 여길 자에게 긍휼을 베푸느니라"

다시 말하면 하나님께서는 "나는 내가 은혜를 베풀기로 한 사람들에게, 내가 그렇게 하기로 결정하는 시간에, 내가 선택하는 방식으로 그 은혜를 베풀 것이다."하고 말씀하신다. 하나님께서는 우리에게 영광을 보여 주시는 일이 전적으로 하나님 자신의 왕이신 주권에 달린 일이라고 말씀하시고 계신다. 하나님께서는 친히 영광을 보여주기로 결정하신 사람들에게, 선택하신 시간에 영광을 보여 주신다. 하나님의 영광이 나타나는 것은 하나님께서 주권적으로 선택하시는 것에 따라서 이루어진다. 하나님께서는 친히 원하시는 시간에 영광을 보여 주시고, 원하시는 대로 거두어 가기도 하신다. 그 모든 일은 하나님의 긍휼하심에 달려 있다.

이러한 사실은 나에게 큰 소망이 된다. 하나님께서 모세에게 친히 자신의 영광을 보여 주신 것은, 내가 전혀 맞출 수 없을 어떤 임의적인 자격을 근거로 하신 것이 아니기 때문이다. 모세가 나이가 많았기 때문에 그런 특권을 누린 것은 아니었다. 혹은 그의 머리가 백발이 되었기 때문도 아니다. 혹은 그가 누구나 다 좋아할 수 있는 성품을 가진 사람이었기 때문도 아니다. 혹은 모세의 몸무게 때문도 아니었다. 모세의 자연적인 외모나, 인격적인 카리스마 때문도 아니었다. 하나님께서 그저 "모세야, 너의 간구에 대해서 내가 들어주겠다"고 결정하셨던 것일 뿐이다. 이러한 사실은 하나님께서 나의 기도도 들어 주시기로 결정하실 수 있으시다는 소망을 준다.

우리가 할 수 있는 일이란 그저 거기 서서 하나님의 영광을 구하는 간절한 마음으로 떨면서 구하는 일일 뿐이다. 구하라. 간구하라. 사모하라. 열망하라. 하나님께서 우리에게 자신의 영광을 보여주시겠다고 결정하실 것인지 대해서는 우리가 관여할 수 있는 문제가 아니다. 우리가 금식하고 기도하는 방법으로 하나님의 영광을 체험하는 곳으로 이어지는 길로 우리 스스로 헤쳐 나갈 수도 없다. 또한 영광에 대한 선포적인 예언을 하는 것으로 그 영광에 들어갈 수도 없으며, 다 같이 춤을 추는 것으로도 영광에는 들어갈 수 없고, 헌금을 드리는 것으로도 영광을 유도할 수 없으며, 큰 함성을 지르는 것으로도 영광이 내리도록 할 수는 없다(여러분에게 말하지만, 우리 중의 대부분의 사람들은 다 이러한 방법들을 시도해 보았을 것이다.). 우리는 어떤 노력에 대한 보상으로 하나님의 영광을 얻어 내거나, 우리가 그러한 영광을 경험하는 특권을 받을 만한 자격을 만들어 내거나, 혹은 우리의 어떤 노력으로도 그런 일이 일어나게 할 수는 없다. 모세의 경우에는 하나님께서 들어 주시겠다고 하셨다. 나의 경우에는…. 내가 해야 하는 일이라고 아는 것은 구하는 것 뿐이다. 계속 구하는 것이다. "주님, 저에게 자비를 베풀어 주소서. 그리고 저에게 당신의 영광을 보여 주소서."

하나님께서는 자신의 전략을 펼쳐 주신다.

이제 하나님께서 모세에게 자신의 영광을 어떻게 나타내 주셨는지에 대한 이야기를 계속해 보기로 하자. 하나님께서는 이렇게 말씀하셨다. "네가 내 얼굴을 보지 못하리니 나를 보고 살 자가 없음이니라" 하나님께서는 모세가 하나님의 얼굴을 보면 그 자리에서 심장마비가 걸릴 것이라는 사실을 아셨다. 인간의 육체는 어느 정도 수준의 영광만을 감당할 수 있을 뿐이다. 그래서 하나님께서는 모세를 위해서 하나님의 영광을 보고도 살아남을 수 있는 방법을 마련해 주셨던 것이다.

하나님께서는 모세에게 자신의 등을 보여주시기로 하셨다. 그러나 이렇게 하는 것도, 올바로 하지 않으면 모세가 죽는 것으로 끝나게 될 수도 있는 일이었다. 나는 하나님께서 "좋다, 모세야. 내가 너에게 나의 등을 보여 주겠다. 그러나 나는 네가 그 일에 나와 협조해 주었으면 좋겠다. 우리가 이 일을 제대로 하지 않으면 네가 —내 영광 앞에서— 프라이가 될 것이기 때문이다.

"모세야, 네 할 일을 내가 말해 주겠다. 내가 너를 이 바위의 틈 속에 두겠다. 그래서 너와 나 사이에는 바위로 된 벽이 있게 될 것이다. 그러나 너와 내 얼굴 사이에 이 바위벽만 있다면, 너는 여전히 타 죽게 될 것이다. 그래서 나는 너를 이중으로 보호하려고 한다. 나는 너에게 바위벽을 마련해 주겠고, 그뿐 아니라 너를 나의 손으로 덮어서 가려 두겠다.

그리고 나서 내가 바위의 튀어 나온 부분으로 지나가겠다. 모세야, 내가 너를 보호해 주는 바위로 지나가면서 너를 덮고 있던 내 손을 거두겠다. 그러면 너는 직접, 무엇을 통해서 여과되거나, 베일에 가려지는 것도 없이 내 등을 보게 분명하게 될 것이다. 그 후에 내가 나의 이름을 너에게 선포해 주겠다."

아하, 하나님의 계획은 그랬던 것이군요. 우리는 다 이해합니다. 모세씨, 됐습니다. 이제 출애굽기 33장을 끝내 주시지요? 이제 24절로 가서 우리에게 그 다음에 어떤 일이 일어났는지를 말해 주세요.

어?? 그런데 24절이 없네요. 모세씨, 이게 뭡니까? 여기서 중단하지 마세요. 33장을 완전히 끝내 주세요!! 모세씨 이렇게 하면 안 됩니다! 우리는 그때 어떤 일이 일어났었는지 알고 싶다구요. 하나님의 모습이 어땠습니까? 당신이 보신 것이 무엇이지요? 어떤 느낌이 들었습니까? 하나님께서 친히 자신의 이름을 자신께서 당신의 마음에 말씀해 주실 때 당신의 내면에서는 어떤 일이 일어났나요?

모세는 말이 없다

마치 모세는 "그 사건에 대해서는 말하지 않겠소. 사실 그 사건은 말로는 표현할 수 없는 일들이 있었소. 단지 말로는 표현할 수가 없는 일이오."하고 말하는 것 같다. 거기에는 말로는 표현할 수 없는 것들이 있다.

그러나 모세가 그때 있었던 일들에 대해서 말해 준다면 우리는 다 놀라게 될 것이라고 생각한다. 나는 막상 하나님께서 모세를 덮으셨던 손을 거두어 가셨을 때도, 모세는 자기 앞으로 비쳐오는 그 정도로 찬란하고 너무나 강렬한 영광의 광채에 대해서는 전혀 준비가 되어있지 않았을 것이라고 생각한다. 나는 모세가 "나는 그때의 일을 도저히 말할 방법이 없소. 어떤 말로도 그때의 일을 설명을 시작이라도 할 수 있는 길이 없소. 하나님께서 내가 숨어있는 바위를 지나가셔서 이제 하나님과 나 사이에는 아무것도 없게 되었지요. 그때 하나님께서 친히 나를 가리셨던 손을 치우셨지요. 그래서 내가 보았는데…." 후이이익!!!!

나는 개인적으로는 그때의 영광의 사건이 모세를 거의 죽일 뻔 했었을 것이라고 생각한다. 하나님의 얼굴을 보는 것이 모세를 죽게 할 정도의 일이라면, 하나님의 등이라도 보는 것은 그를 거의 죽게 만드는 일이었을 것이라고 생각한다. 아마도 하나님의 등을 보는 것은 육체를 가진 사람이 하나님의 영광을 보고도 죽지 않을 수 있는 최대한의 범위였을 것이다. 일반적으로 거의 죽음의 문턱에 이르는 경험을 한다는 것에 대해서 기분 좋은 일이라고 생각하는 사람은 없을 것이다. 그래서 나는 모세에게도 자기가 하나님의 영광을 보았던 경험은 전혀 유쾌한 일이 아니었을 것이라고 생각한다.

아마 모세가 그 후유증을 극복하는데도 여러 날이 걸렸을 것이다(단8:27).

그런데 우리는 지금 여기서 모세가 하나님의 영광을 보기 위해서 지불해야 했던 높은 대가를 정면으로 바라보고 있으면서도, 몸을 똑바로 세우고 "주님, 우리에게도 주님의 영광을 보이소서!"라고 기도하고 있다. 다른 사람들은 우리가 약간 정신이 나갔거나 미쳤다고 생각할지도 모르겠다. 제 정신이 있는 사람이라면 어느 누가, 자신이 거의 죽을 뻔 하게 될 수도 있는 일을 구하겠는가?

사실 나도 그런 기도를 하기도 하지만, 막상 내가 구하는 것이 무엇인지를 진정으로는 모르고 있는 것 같기도 하다. 그러나 어쨌든 나는 그렇게 기도한다. "주님, 저에게 주님의 영광을 보이소서 주님을 제 눈으로 보아야겠습니다. 제가 죽더라도 주님께서 저의 마음에 주님의 이름을 선포하시는 것을 듣기를 원합니다. 주님 저에게도 주님의 영광을 보이소서!"

믿을 수 없을 정도로 놀라운 두 구절

나는 모세가 경험한 영광의 강도에 대해서 묵상하다가 성경에 나오는 두 구절로 인해서 정말로 놀라지 않을 수 없었다. 첫 번째 구절은 모세가 기록한 것이고, 두 번째는 바울이 기록한 것이다.

내가 말하려고 하는 첫 번째 구절은 모세가 인생을 마감하기 직전에 말한 내용이다. 모세는 하나님께 "주께서 주의 크심과 주의 권능을 주의 종에게 나타내시기를 시작하셨사오니"(신3:24). 이 말은 근본적으로는 다음과 같은 의미이다. "주님, 제가 주님의 영광을 아주 특별하고 강력한 방식으로 보았나이다. 또한 주님의 불을 보았나이다. 저는 주님의 거룩한 산의 불꽃 가운데서 여러 주간동안 살았사오며, 주님의 등을 보았나이다. 그러나 저는 그러한 모든 것들이 다 실제로는 시작일 뿐이라는 사실을 아나이다. 저는 이제 주님의 위대하심을 보기 시작했을 뿐입니다. 영원한 도성에서 나를 기다리고 있는 영광의 강도는 내가 지금 겨우 상상이라도 시작할 수 있는 모든 것을 훨씬 뛰어넘는 엄청난 것이기 때문이니이다."

와! 그러한 영광은 도대체 어떤 영광이겠는가? 언젠가는 우리도 그것이 어떤 것인지를 알게 될 것이다.

나를 놀라게 했던 두 번째 구절은 바울이 고린도 교회에 보내는 편지에서 쓴 내용이다. 바울은 고린도후서의 세 번째 장을 거의 모두 영광이라는 주제에 할애하고 있다. 바울은 모세가 경험한 영광과, 그 영광이 모세의 얼굴까지 빛나게 했다는 기록을 하면서, 그 영광을 새 언약의 영광과 비교하고 있다. 여기에 바울이 그 두 가지 영광을 어떻게 비교했는지가 나온다. "영광되었던 것이 더 큰 영광으로 말미암아 이에 영광될 것이 없으나"(고후3:10). 바울은 성령님의 감동 아래서, 모세가 옛 언약 아래서 경험했던 영광을 우리가 새 언약 안에서 들어가게 된 영광과 비교해 본다면, 모세가 알았던 영광은 전혀 "영광이 아니다"라고 생각하게 될 것이라고 말하고 있다.

사랑하는 여러분들이여, 우리는 천국의 영광 가운데서 모세가 경험했던 영광을 보면서, 그것을 단지 "좀 못한 영광"이라거나 혹은 "작은 영광"이라고 부르지도 않을 것이다. 실제로 우리는 모세의 영광을 "전혀 영광도 아니다!"라고 말하게 될 것이다. 우리는 그렇게 놀라운 영광을 향해서 나가고 있다. 그때에는 우리가, 모세가 맛보았던 영광은 아예 없었던 것이나 다름이 없을 정도로 보잘 것 없는 영광이었다는 사실을 알게 될 것이다. 여기서 내가 궁금히 여기는 것이 있다. 주님, 주님께서 우리를 위해서 도대체 어떠한 영광을 준비해 두셨기에, 일단 우리가 그 영광을 경험하게 되면, 모세가 주님의 등을 보았던 것도 우리가 경험하게 될 영광과 비교하면 전혀 영광이 아니라고 생각하게 될 것이라고까지 말씀하십니까?

주관적인 임재의 경험 대(對) 객관적인 영광

우리는 천국에서 살게 될 때까지는 충만하신 영광이 어떤 것인지는 알 수 없을 것이다. 그러나 하나님께서 때때로 이 세상에서 우리에게 허락하시는 영광에는 등급이 있다. 이렇게 다양하게 나타는 영광을 구하기로 하자! 오, 주님, 원하건대 우리에게 주님의 영광을 보여주시고, 우리의 영적인 생각 속에 주님의 이름을 선포하소서!

나는 지금 하나님의 객관적인 영광에 대해서 이야기 하려고 한다. 임재하심은 주관적이고 영광은 객관적이다. 이 문제에 대해서 좀 더 설명해 보기로 하겠다.

여러분은 예배를 마치고 나가면서 당신 옆에 앉아 있던 사람이, 얼굴에 전구가 켜진 것처럼 밝게 빛난 얼굴로 걸어 나가는 것을 본 적이 있는가? 그들은 이렇게 말한다. "와, 얼마나 엄청난 예배였던가! 정말로 오늘은 하나님께서 예배당에 임하셨어! 정말로 오랜 만에 경험한 최고의 예배였다구!" 그들은 마치 15센티미터는 위로 떠서 걷는 듯이 가볍게 걸어가고 있다.

그러나 당신은 그들을 마치 다른 행성에서 온 사람들인 것처럼 바라보고 있다. 당신에게는 그 날의 예배가 당신이 지금까지 참석했던 예배들 가운데 가장 죽은 것 같은 예배들 가운데 하나였기 때문이다. 그런 일은 많이 일어난다. 그렇지 않은가? 그들에게는 그날의 예배가 믿을 수 없을 정도로 풍요로웠지만, 당신에게는 너무나 메마르고 생명력도 전혀 느껴지지 않던 예배였다. 나는 그것을 "임재하심의 영역"이라고 부른다.

많은 사람들이 임재하심의 영역에서 경험하는 일들은 상당히 주관적이고 개인적이다. 어떤 사람은 이것을 받는다.

다른 사람은 전혀 다른 어떤 것을 경험하게 된다. 어떤 사람은 최고의 축복을 받지만, 다른 사람들은 축복이 전혀 임하지 않고 지나갔다고 생각한다. 어떤 사람은 전격적인 은혜를 받고, 다른 사람에게는 잠이 쏟아지는 일이 되기도 한다. 하나님께서 자신의 임재하심으로 찾아오실 때는 모든 사람들이 자신의 믿음의 수준과 집중의 정도와, 하나님께서 그들 자신의 개인적인 문제와 필요에 따라서 그들을 어떻게 만져 주시기로 결정하시는 지에 따라서 서로 다르게 반응하며 은혜를 받는다.

그러나 영광의 영역은 객관적이다. "객관적"이라는 말은 하나님께서 영적인 인상을 주시는 것을 지나서 물리적으로 친히 자신을 나타내시기 때문에 모든 사람들이 똑같은 것을 똑같은 방식으로 경험하게 되는 것을 의미한다. 영광의 영역이란 솔로몬이 성전 봉헌예배를 드리던 날 구름이 성전을 가득 채웠던(대하5) 경우를 말한다. 모든 사람들이 다 그 구름을 보았다. 제사장들 가운데도 능히 서서 직무를 수행할 수 있던 사람은 한 명도 없었다. 하나님의 영광이 물리적인 세계에 객관적인 실체로 나타났던 것이다.

변화산에서 베드로는 야고보와 요한에게 "이보게들, 자네들 가운데 누구라도 지금 모세가 보이는가? 엘리야도 보이는가? 누구든지 지금 구름이 보이는가? 아니면 내가 지금 환상을 보고 있을지도 모르겠구먼"하고 말하지 않았다. 전혀 그렇지 않았다. 그들은 모두 모세와 엘리야를 보았고, 또한 모두 친히 자신의 영광 가운데 계신 예수님을 보았다. 또한 그들은 모두 그 구름을 보았으며 성부 하나님의 음성을 들었다. 그들은 모두 똑같은 것을 경험했다. 그것이 바로 영광이었다.

오순절에는 120명 가운데 속해있던 모든 사람들이 다 급하고 강한 바람 같은 소리를 들었으며, 모든 사람에게 다 불의 혀 같은 것이 임했으며, 모든 사람들이 다 방언을 말했다. 모든 사람들이 다 똑같은 차원의 영광을 경험했던 것이다.

영광이 임하면 "모든 육체가 그것을 함께 보리라"(사 40:5). 모든 비판하던 사람들은 다 잠잠해 질 것이며, 회의론자들은 깜짝 놀라서 할 말을 잃게 될 것이며, 불가지론자들은 믿게 될 것이며, 무신론자들은 떨게 될 것이고, 시온에 있는 죄인들은 두려워하게 될 것이며, 의인들은 기뻐하고, 타락했던 자들도 회개하고 돌아올 것이며, 전혀 무감하던 사람들의 마음이 움직일 것이고, 뜨겁던 사람들은 펄펄 끓어오르게 될 것이며, 냉랭하던 사람들도 어쩔 수 없이 결단하게 될 것이며, 어린 아이들은 불처럼 타오를 것이며, 노인들도 새로 힘을 얻게 될 것이고, 마음이 완고한 사람들은 심판을 받으며, 마지막 추수가 이루어지고, 성부 하나님께서는 영광을 받으시게 될 것이다. 사람들은 모두 하나님의 실체가 반박할 수 없을 정도로 분명하게 나타나는 것을 다 함께 경험하게 될 것이며, 따라서 모든 사람들이 다 "하나님이 참으로 너희 가운데 계시다"는 사실을 인정하지 않을 수 없게 될 것이다.

이것이 바로 영광이다!

교회 안의 영광

사랑하는 여러분들이여 잘 듣기 바란다. 교회는 영광중에 탄생했다! 하나님께서는 사도행전 2장의 시작으로부터 우리의 단체적인 정체성의 DNA 속에 영광을 불어 넣으셨다. 우리는 영광을 위하여 지으심을 받았다(사43:7). 여러분에게는 하나님의 임재하심이 약속되어 있다. 그러나 영광은 당신의 유전인자 속에 들어있는 본질적인 요소이다. 당신은 언제나 하나님의 임재하심에 대해서 감사를 드려야 할 것이다. 그러나 당신은 그 영광을 경험하기 전까지는 결코 만족할 수가 없을 것이다.

그리고 이 영광이 어떻게 나타날 것인지에 대해서 여러분에게 말해 주겠다. 이 세상에 하나님의 영광을 전해주는 매개체는 단 하나 밖에 없다. 하나님의 영광은 바다에 떨어지거나, 어느 대륙의 한 가운데 떨어지지 않는다. 우리가 말하는 이 영광은 교회를 통해서만 임하도록 되어 있다. 말라기 선지자는 이렇게 예언했다. "…또 너희가 구하는 바 주가 갑자기 그의 성전에 임하시리니 "(말3:1). 학개서 2장 7-9절과 다른 많은 성경구절들은 하나님의 영광과 성전의 관계를 아주 분명하게 연결시키고 있다. 바울도 "…능히 하실 이에게 교회 안에서와 그리스도 예수 안에서 영광이 대대로 영원무

궁하기를 원하노라 아멘"(엡3:20, 21)라고 하면서 그러한 진리를 아주 강조하고 있다. 바로 이것이 교회가 사모해 온 일이었으며, 나는 할 수 있는 한 이 사실을 크고 분명한 나팔 소리처럼 울리기 위해서 이 책을 쓰고 있다. 하나님의 영광이 임하고 있다!

오! 이 영광이 임하면! 하나님께서는 단 한번 영광을 쏟아 부어 주심으로써, 우리가 10년 동안 힘을 합쳐서 이루어낼 수 있는 것보다도 더 많은 일들을 이루어 내실 수 있으시다. 오, 여러분의 영혼이 필사적으로 영광을 구할 수밖에 없는 거룩한 불만감으로 사로잡히기를 바란다. 우리가 경험해야 할 다른 것이 있다! 주여, 원하건대 주의 영광을 내게 보이소서!

Chapter 8

주의 영광을
내게 보이소서

이 책의 일차적인 초점은 예수 그리스도를 예배하는 교회를 통하여 나타나는 하나님의 영광에 있다. 우리는 우리가 연합하여 모이는 자리들에 하나님의 영광이 나타나기를 원한다. 그러나 하나님의 영광이 다른 방식으로 나타나는 경우에도 아주 소중하고 신나는 일이 된다. 그것은 하나님의 영광이 개인에게 나타나는 경우이다.

  사실 그것이 이 책의 중심이 되는 성경본문이 나오는 문맥적인 상황이기도 하다. 모세는 "원하건대 주의 영광을 내게 보이소서" 하고 기도했다(출33:18). 모세는 "주의 영광을 우리에게 보이소서"라고 기도하지 않았다. 그는 "주의 영광을 내게 보이소서"라고 기도했다. 모세는 자기가 개인적으로 하나님의 영광을 대면해 보기를 구했던 것이며, 하나님께서는 모세에게 그가 구한 것을 주셨다.

여러분이 이 책을 여기까지 읽은 것은 단 한 가지 이유 때문일 것이다. 그것은 당신에게, 하나님의 영광 외에 그 어떤 다른 것으로도 결코 채워질 수 없는 간절한 마음으로 오로지 하나님의 영광만을 구하는 부르짖음이 있기 때문이다. 우리가 하나님의 영광을 들여다보는 이유는 우리의 심령이 다윗의 다음과 같은 간절한 부르짖음으로 가득히 사모하는 마음으로 떨리기 때문이다. "주께서 어느 때나 내게 임하시겠나이까"(시101:2) 하나님께서는 회중에게 자신의 영광을 부어주시기도 하시지만, 개인들에게도 자신의 영광을 보여주신다. "그렇습니다, 주님. 저에게도 주님의 영광을 보여주옵소서!"

이렇게 간단한 진리가 나에게 그렇게나 큰 격려가 되는 데는 한 가지 이유가 있는데, 그것은 때때로 그리스도의 몸이라는 더 큰 단체를 볼 때 마다, 도대체 하나님께서 얼마나 더 많은 일을 하셔야, 교회 안에 자신의 영광을 보내실 준비가 끝나게 될 것인가 하는 의문이 생기기 때문이다. 하나님께서는 우리가 하나님의 영광을 보기 전에 나를 죽게 하시지는 않으실 것이다. 나는 하나님의 영광이 임하시도록 하는 일에 참여하기를 원한다! 그러나 하나님의 영광이 전 세계적인 교회에 임하시도록 하기 위하여 준비하는 일에는, 내가 개인적으로 할 수 있는 일이 상대적으로 거의 없기 때문에, 내가 할 수 있는 일이란 없다는 절망적인 생각이 들기도 한다. 그러나 하나님의 영광이 나에게 개인적으로 임하시도록 하기 위해서는 내가 준비할 수 있는 일들이 몇 가지 있다. 따라서 더 큰 그리스도의 몸이 하나님의 영광을 경험할 준비는 아직 되지는 않았다고 하더라도, 하나님 앞에서 부지런하고 충실하게 내가 해야 할 일을 한다면, 최소한 내가 개인적으로는 하나님의 영광을 대면하여 경험하게 되는 은총을 받게 될 것이라는 희망이 생기기도 한다.

영광에 이르는 두 가지 돌파구들
(TWO KINDS OF GLORY BREAKTHROUGH)

나는 하나님께서 우주의 간격을 넘어서 우리에게 오셔서, 우리에게 친히 자신의 영광을 경험하게 하시는데는 일반적으로 두 가지 방법이 있다고 생각한다. 첫 번째로는 하나님께서 하늘로부터 땅으로 자신의 영광을 보내신다. 이사야가 부르짖어 구한 것이 바로 이것이었다. "원하건대 주는 하늘을 가르고 강림…하소서"(사64:1). 요한계시록 8장 5절은 하나님께서 바로 그렇게 하시는 모습을 그림처럼 보여주고 있다. "천사가 향로를 가지고 제단의 불을 담아다가 땅에 쏟으매 우레와 음성과 번개와 지진이 나더라"

하나님께서 친히 자신의 방식으로 하늘을 가르시고 임하실 때에는, 하나님께서 자신의 교회라는 집합적인 단체에 영광으로 임하시는 경우가 가끔 있다. 그것이 바로 사도행전 2장 1-4절에 나오는 오순절 때 일어난 사건이다. 그때는 급하고 강한 바람이 그 방에 가득하더니 그들 모두에게 한 사람씩 불의 혀같이 갈라지는 것이 임했다. 이것은 바로 하나님께서 실제로 인간의 영역 안으로 진입해 들어오셔서, 모든 부류의 사람들에게 나타나시고, 도시 전체를 변화시키는 사건이었다. 그리스도께서 재림하실 날이 가까워짐에 따라 하나님의 영광이 이렇게 집합적으로 나타나는 일들이 점점 더 많아지고 있다. 그러나 하나님께서 하늘을 가르시고 세상으로 임하시는 것이 항상 우리가 단체로 모일 때에만 일어나는 것은 아니다. 하나님께서는 어떤 개인에게 찾아오시기 위해서 하늘을 가르시고 임하시는 경우들도 있다(예를 들면 욥의 경우가 그것이다.).

이와 같이 하나님께서는 개인적으로 당신에게도 영광으로 찾아오실 수 있으시다. 그러나 이것이 하나님께서 영광으로 임하시는 유일한 방법은 아니다. 하나님께서 하늘 문을 열고 여러분을 영광으로 들어 올려 가실 수도 있다. 그것이 바로 영광의 두 번째 돌파구이다! 성경에는 이런 차원의 영광을 경험한 사람들이 몇 명 나온다. 그러나 그러한 모든 경우에 그들이 하나님의 영광을 대면하게 되는 것은 전적으로 개인적인 일이었다. 그들만 하늘로 올라갔다. 그들과 같이 하늘로 올라간 사람은 아무도 없다. 그것은 완전히 개인적으로 하나님의 영광을 만나게 되는 일이었다. 성경에는 한 그룹 전체가 다 하늘로 올라간 사건은 한 번도 기록하지 않는다. 개인들만, 한 번에 한 사람씩 일어나는 사건이다. 지금 이 마지막 시대에는 하나님께서 지금도 어떤 개인들을 그렇게 만나 주시고 있다.

성경에는 개인적으로 하나님의 영광을 대면하여 경험한 몇 가지 경우들이 다음과 같이 나오고 있다.

* 이사야는 성자께서 하늘나라의 보좌에 앉아 계신 것을 보았다. "웃시야 왕이 죽던 해에 내가 본즉 주께서 높이 들린 보좌에 앉으셨는데 그의 옷자락은 성전에 가득하였고" (사6:1)
* 다니엘도 하늘로 들려 올려 가 본 후에 그때의 경험을 기록하고 있다. "내가 보니 왕좌가 놓이고 옛적부터 항상 계신 이가 좌정하셨는데 그의 옷은 희기가 눈 같고 그의 머리털은 깨끗한 양의 털 같고 그의 보좌는 불꽃이요 그의 바퀴는 타오르는 불이며" (단7:9)
* 바울은 자신의 비슷한 체험에 대해서 좀 비밀스러운 언어로 기록하고 있다. "내가 그리스도 안에 있는 한 사람을 아노니 그는 십사 년 전에 셋째 하늘에 이끌려 간 자라(그가 몸 안에 있었는지 몸 밖에 있었는지 나는 모르거니와 하나님은 아시느니라)" (고후12:2)
* 사도 요한도 자신에게 일어났던 일을 기록하고 있다. "이 일 후에 내가 보니 하늘에 열린 문이 있는데 내가 들

은 바 처음에 내게 말하던 나팔 소리 같은 그 음성이 이르되 이리로 올라오라 이 후에 마땅히 일어날 일들을 내가 네게 보이리라 하시더라"(계4:1)
* 에스겔도 비슷한 경험을 여러 번이나 했다. "주의 영이 나를 들어올려 데리고 가시는데"(겔3:14). "그가 손 같은 것을 펴서 내 머리털 한 모숨을 잡으며 주의 영이 나를 들어 천지 사이로 올리시고"(겔8:3).

주님, 주님께서 하늘을 가르시고 강림하시든지, 혹은 하늘의 문을 여시고 나를 들어 올려가시기로 하시든지는 상관이 없습니다. 어떤 방법으로 하시더라도 좋습니다. 제가 구하는 유일한 한 가지는 이것입니다. 단지 저에게 주님의 영광을 보여 주시옵소서!

나는 그리스도인들이 이러한 경험들을 대하면서 자기들도 이와 비슷한 방식으로 하나님의 영광을 대면하여 보게 되기를 사모하는 것은 정상이며 건전한 일이라고 생각한다. 이 책의 다른 곳에서도 말한 바가 있지만, 나의 개인적인 생각으로는, 우리에게 하나님의 영광이 확실하게 임하시도록 보장받기 위해서 우리가 할 수 있는 일이란 없다. 내가 아는 한 우리가 할 일이란 모세가 했던 대로 하는 것이다. 모세는 그저 구했다. 그러므로 우리도 그저 구해야 한다. "원하건대 주의 영광을 제게 보이소서"

그러나 또한 나는 개인적으로 모세가 인생 가운데 이렇게 깜짝 놀랄 정도로 엄청난 하나님의 영광을 경험하기 위한 조건과 자격을 갖추게 된 이유는 두 가지가 있었다고 생각한다. 무엇보다 먼저는 모세가 40일씩 두 번 시내산에서 금식하며 홀로 있었던 기간 중에 하나님의 영광을 보았다는 것이다. 이것은 모세 편에서 예외적으로 특별한 수준으로 하나님께 성별되어 있었음을 보여준다. 요즘에는 그렇게 오랜 시간 동안 ―음식이나 마실 물도 없이― 모든 사람들 곁을 떠나서 하나님과만 함께 있으려고 하는 사람들은 그렇게 많지 않다. 나의 개인적인 생각으로는 모세가 하나님께 그렇게 높을 정도로 성별되어 있었다는 사실이, 그가 그러한 영광을 경험하는데 기여한 첫 번째 요인이 되었을 것이다.

나의 개인적인 생각으로 하나님께서 모세에게 친히 자신의 영광을 보여주신 요인이 되었다고 보는 것이 하나 더 있다. 그것은 모세가 하나님의 약속이 성취되기를 기다렸던 오랜 기간과 관계 있다. 내가 말하려고 하는 것은 모세가 미디안 광야에서 40년 동안 준비한 기간이다. 모세는 아직 바로의 집에 있을 때 하나님으로부터 이스라엘 백성을 구해내라는 부르심을 받았다. 모세의 실수는 하나님의 비전을 인간의 힘으로 이루려고 했다는 것이었다. 모세는 히브리 노예를 때리는 애굽 사람을 죽였고, 그래서 바로에게 쫓기는 몸이 되었다. 모세는 애굽을 도망쳐 나와야 했고, 미디안 광야에서 40년을 사는 것으로 끝났다. 마침내 모세는 하나님의 백성을 해방시키겠다는 모든 기대나 소망에 대해서는 죽게 되었다.

모세에게 광야생활은 자아를 깨뜨려서 하나님께 쓸모 있는 그릇이 되는 새로운 사람으로 만드는 장소였다.

하나님을 기다림

내가 개인적으로 하나님의 영광을 깊이 대면하여 경험한 사람들의 삶을 연구해 보면, 거의 그런 사람들은 자기들의 과거에 어떤 공통분모를 가지고 있다. 그들 모두 하나님의 영광이 임하기 전에 오랫동안 하나님을 기다렸다는 것이다. 그렇게 기다리는 기간에는 항상 불같이 호된 시련과, 하나님의 약속이 이루어지는 것이 뒤로 연기되거나, 심지어는 취소된 것 같은 상황, 그리고 개인적으로 많은 일들에 있어서 제한이 따르는 등의 고통스러운 상황들이 따랐다. 일반적으로 (불변적인 철칙은 아니지만) 시련의 강도가 높을수록 그 기간은 짧았다.

여러분들 가운데 어떤 사람은 지금 오랫동안, 심지어는 여러 해 동안 하나님을 기다려 왔을 것이다. 여러분의 심령에 하나님의 약속이 있지만, 하나님의 구원이 이루어지는 것은 아직 보지 못했다. 여러분이 여러 해 동안 하나님의 약속을 기다렸다면 여러분은 최고의 에너지를 여러분의 소망과 확신을 확실하게 유지하는 일에 집중하여 쏟아야 할 필요가 있다. 우리의 원수가 우리의 인생 가운데서 벌이는 영적 전쟁의 특징은 우리로 하여금 낙심하게 만들어서 우리가 확신을 포기하고 던져버리도록 만드는 것이다. 이 말이 반드시 여러분이 받은 구원을 포기했다는 것을 의미하는 것은 아니지만, 여러분이 하나님께서 여러분을 해방시켜 주실 것이라는 소망을 포기할 수는 있다. 원수는 당신이 하나님의 부활의 능력을 보겠다는 소망을 포기한 기독교를 그대로 따라서 무기력해져 버리기를 바란다.

성경은 아브라함이 하나님의 약속이 이루어지기를 기다리던 25년이라는 기간에 대해서 아주 흥미로운 사실을 기록하고 있다. "믿음이 없어 하나님의 약속을 의심하지 않고 믿음으로 견고하여져서 하나님께 영광을 돌리며"(롬4:20). 하나님께서 아브라함에게 기적으로 아들을 주시겠다고 약속하셨다. 그래서 무려 25년 동안 그 약속이 이루어지기를 기다렸다. 로마서 4장 20절은 바로 그 25년 동안의 기다림에 대해서 설명해 주는 본문이다. 이 본문은 25년이 끝날 무렵에는 아브라함의 믿음이 처음보다 더 좋아졌다고 말한다. 다시 말하면 하나님의 약속이 지연될수록 아브라함의 믿음은 더 커졌다는 것이다. 아브라함이 인간이라면 이것은 절대로 당연지사가 아니다! 우리 인간들은 어떤 약속이 이루어지는 것이 오래 지연되면 시간이 지날수록 그 약속이 이루어질 가능성은 점점 줄어든다고 믿는 경향이 있다. 그러나 아브라함의 신앙은 기다리는 동안에 더 커져만 갔다. 아브라함의 신앙이 날마다 하나님의 말씀 안에서 스스로 더 강해져 가고 있었기 때문이다.

하나님을 기다리던 많은 사람들이 중도에 포기하는 이유들 가운데 하나는 시련의 도가니에 들어가 있는 기간이 길어지는 이유를 모르기 때문이다. 그들은 기다림의 기간이 길어지는 것만큼 구속적인 가치가 크다는 사실을 그저 이해할 수가 없기 때문에, 자기들이 이 문제에 대해서는 하나님의 마음을 경험하거나 이해할 수 없다고 결론을 내려 버린다. 그러나 하나님께서는 길게 기다리는 것을 아주 귀하게 보신다. 하나님께서는 자신이 친히 택하신 사람들에 대해서 분명한 목적으로 그들이 그렇게 몇 년 동안 기다리는 시간을 갖도록 계획하신다. 그런 모든 기간에 대한 총괄적인 가장 큰 이유는 하나님께서 그들에게 자신의 영광으로 찾아가시기 위해서이다. "믿음과 오래 참음으로" 기다리는 사람들이야말로 하나님의 크신 약속을 기업으로 받을 후사이다(히 6:12).

몇 년 동안은 기다릴 수 있을 것이다. 그러나 40년 동안이니 기다려야 한다는 것은 전혀 다른 이야기이다! 하나님께서는 친히 가시덤불 가운데서 모세에게 자신을 보여주실 때까지 40년 동안이나 광야에서 기다리게 하셨다. 한번 날짜를 세어보기 바란다. 자그마치 40년 동안이다! 나는 처음에는 이 문제에 대해서 정말로 많은 고민을 했다.

"주님, 정말로 나쁘시군요! 모세에게 그렇게나 오래고 오랜 기간 동안 기다리게 하시다니요……. 주님, 저에게는 40년에 대해서는 말씀도 꺼내지 마세요! 40년이라는 기간에 대해서는 작은 소리라도 듣고 싶지 않습니다. 아마 40년 후면 저는 죽어서 묻혀 있을 것이라고요!"

그래서 나는 자비와 긍휼의 하나님께서 모세와 같은 사람을 장장 40년이라는 전혀 끝나지도 않을 것 같은 기간 동안 기다리게 하신 이유는 이해하기가 정말로 힘들었다. 그러나 그때 하나님께서는 나에게 모세가 경험한 영광에 대해서 기억나게 해주셨다. 즉 불타는 가시떨기나무, 애굽에 임한 재앙들, 홍해가 갈라진 사건, 불 가운데 있는 산 위에서 80일을 보낸 것, 그리고 물론 이 모든 일들의 머릿돌 같은 사건인 모세가 하나님의 등을 보게 된 상황도 포함해서 말이다.

그때 마치 성령님께서 내 마음에 다음과 같은 질문을 속삭여 주시는 것 같았다. "그러한 모든 영광들이 40년 정도는 기다릴만한 가치가 있지 않느냐?" 모세가 경험했던 영광의 강도는 준비 기간의 길이와 정확하게 비례적이라는 결론이 나왔다. 기다림이 길수록 경험하는 영광의 분량도 커진다.

만일 여러분이 바로 지금 하나님을 기다리는 시련의 도가니를 경험하고 있지 않다면 이러한 생각에 대해서 기가 질려 버릴지도 모르겠다. 이러한 진리가 기쁜 복음은 아니라고 생각할지도 모르겠다. 그러나 만일 여러분이 오래 동안 하나님을 기다려왔다면, 그래서 그러한 시련에 대해서 분명하게 이해하게 되고, 성경적인 관점으로 보려고 노력해 왔다면, 이러한 말들은 아주 큰 격려가 될 것이다. 지금도 하나님을 기다리고 있는 사랑하는 성도들이여, 시련의 기간이 길어지는 이유는, 하나님께서 당신의 인생에 친히 자신의 영광을 쏟아 부어 주시기로 예정하셨기 때문이지는 않겠는가? 하나님께서 당신을 격렬하게 기다리게 하시는 것이 사실은 하나님의 호의일 수도 있지 않겠는가? 하나님께서 앞으로 보내셔서 진입해 들어 올 영광에 당신의 이름이 기록되어 있을 수도 있지 않겠는가? 이것이 바로 내가 성경이 여러 번이나 확인해 주고 있다고 확신하는 소망이다.

사도요한

이러한 원칙은 성경에서 너무나 자주 확인해 주고 있기 때문에 여기서 어떤 다른 사례로 예를 들어 보아야 할지 약간 망설여진다. 자, 그러면 주님께서 사랑하시던 사도인 요한에 대해서 살펴보기로 하자(다른 사례들에 대해서는 내가 쓴 지연된 응답의 불(*The Fire Of Delayed Answers*)이라는 책에서 살펴보았다.). 요한은 예수님께서 사랑하신 제자로 알려져 있으며, 지금도 주님께서는 가장 사랑하시는 사람에게 가장 오래 동안 기다릴 것을 요구하시는 경우가 많다. 주님께서는 자신이 선택하신 사람들에게 초점을 맞추어 영광을 부어 주시려고 하시기 때문에, 그들에게 그러한 영광을 준비시켜 주시기 위해서, 그러한 영광에 상응하는 시련도 그들에게 초점이 맞추어져 있다. 요한의 경우에 그러한 시련의 도가니는 밧모 섬으로 유배되는 것이었다. 요한은 이렇게 기록했다.

> 나 요한은 너희 형제요 예수의 환난과 나라와 참음에 동참하는 자라 하나님의 말씀과 예수를 증언하였음으로 말미암아 밧모라 하는 섬에 있었더니 주의 날에 내가 성령에 감동되어 내 뒤에서 나는 나팔 소리 같은 큰 음성을 들으니 이르되 네가 보는 것을 두루마리에 써서 에베소, 서머나, 버가모, 두아디라, 사데, 빌라델비아, 라오디게아 등 일곱 교회에 보내라 하시기로(계1:9-11).

학자들은 요한이 이러한 경험을 할 때의 나이는 약 90세 전후였을 것이라고 추정한다. 그러므로 요한은 지금 자신의 인생이 거의 끝날 무렵이었는데, 믿음을 지키다가 밧모섬으로 유배되어 와 있는 것이다.

나는 요한이 밧모섬으로 유배당하면서 다음과 같이 생각하고 있는 모습을 상상해 본다. "주님, 지금은 아닙니다! 저는 이런 일을 하기에는 나이가 너무나 많습니다. 그런 일을 하기에는 육체의 기력이 너무 딸릴 뿐 아니라, 시간도 없는 것 같습니다. 저는 어느 때라도 죽을 준비가 되어 있습니다. 따라서 이 일은 제가 할 것이라고 생각했던 일은 아닙니다. 주님께서 제 인생에 부어주신 성숙함의 은혜를 받은 저를 이 버려진 섬에서 썩게 하시기보다는 나의 인생 말년에 더 유익하고 열매있는 일을 시키실 수도 있지 않습니까?"

그러나 요한은 자신의 나이가 많음에도 불구하고 그곳에 갇히는 것을 "예수 그리스도의 인내"로 맞았으며, 따라서 불평하는 마음을 갖기 보다는 "성령님 안에" 거하는 일에 집중했다. 요한은 자신의 개인적인 고통이 너무나 큼에도 불구하고 자신의 주님만을 사랑하기로 했다. 또한 요한은 인내로 하나님을 기다리면서 성령님 안에 거했기 때문에, 하나님께서는 그에게 그때까지 세상에 살았던 그 어떤 사람들에게 주셨던 것보다 가장 크게 예수 그리스도에 대한 계시를 허락해 주셨다. 와우! 그때 요한이 갑자기 보게 된 영광은 무엇이었는가? 하늘이 열렸고, 그래서 요한은 하나님을 보았다. 그 후에는 예수님께서 입을 여시고 요한에게 자신의 이름을 선포해 주셨다. 이것은 예수님께서 인간의 영에 예수님을 선포해 주시는 것과 다름없는 일이다! 이것이 바로 영광인 것이다!

요한은 참을성 있게 영광을 기다렸다. 이제 우리도 주님을 그렇게 기다리기로 하자.

준비과정

하나님께서 어떤 개인에게 자신의 영광을 나타내 보여 주시기로 결정하셨을 때는, 언제나 그 사람에게만 개인적으로 해당하는 성품 형성과정을 통해서 그러한 그릇으로 준비시키신다. 골짜기들은 메워지고, 산들은 낮아지게 하시며, 굽은 곳들은 곧게 펴지게 하시고, 거친 곳들은 평탄하게 하신다(참고 : 3장). 하나님께서 우리를 시험하실 때 우리가 하는 반응들이, 바로 우리가 우리의 눈으로 하나님께서 계획하시고 의도하신 목적(결말)이 이루어지는 것을 보게 될 것인지의 여부를 결정하게 된다. "너희가 욥의 인내를 들었고 주께서 주신 결말을 보았거니와 주는 가장 자비하시고 긍휼히 여기시는 이시니라"(약5:11). 욥은 시험을 참고 견뎠으며, 따라서 하나님께서는 친히 영광으로 찾아오시는 것으로 상급을 주셨다. 욥은 하나님을 보았을 뿐 아니라, 하나님께서 친히 지혜와 계시의 영을 통해서 욥의 마음에 하나님 자신을 강력하게 계시해 주시는 음성도 들었다.

바울은 그러한 영광으로 나가는 길을 아주 익숙한 필체로 설명해 주고 있다.

> 그러므로 우리가 믿음으로 의롭다 하심을 받았으니 우리 주 예수 그리스도로 말미암아 하나님과 화평을 누리자 또한 그로 말미암아 우리가 믿음으로 서 있는 이 은혜에 들어감을 얻었으며 하나님의 영광을 바라고 즐거워하느니라 다만 이뿐 아니라 우리가 환난 중에도 즐거워하나니 이는 환난은 인내를, 인내는 연단을, 연단은 소망을 이루는 줄 앎이로다 소망이 우리를 부끄럽게 하지 아니함은 우리에게 주신 성령으로 말미암아 하나님의 사랑이 우리 마음에 부은 바 됨이니(롬5:1-5)

바울은 위의 본문에 대해서 결론을 제시하면서 우리에게 영광에 대한 소망을 바라보라고 말하고 있다. 그러나 우리도 직접 본문을 통해서 그러한 영광의 소망으로 이르는 길이 무엇인지 찾아보기로 하자.

3절에서 바울은 우리가 "환난 중에도 즐거워 할 수 있다" (譯註 : "glory in tribulation")고 말한다. 그것은 그러한 환난들이 우리의 인생 가운데서 만들어내는 결과 때문이다. 환난 가운데서도 정말로 기뻐하며 즐거워하는 단계로 나가는 것이야 말로 그리스도인의 성숙이라는 부분에 있어서 가장 어려운 단계들 가운데 하나라고 생각한다. 우리가 환난이 우리를 하나님의 영광을 경험하는 자리로 인도해 주는 사실이라는 것을 확실하게 안다면 환난 중에 기뻐하는 자리로 더 빨리 나갈 수 있을 것이다. 우리는 그저 이러한 영광의 정도가 어떠한 것인지에 대해서 알기만 해도 환난을 우리의 친구라고 생각하게 될 것이다. 환난이 이러한 놀라운 영광을 촉진시켜 주는 기폭제의 역할을 하기 때문이다.

이제 바울은 그 과정에 대해서 설명하고 있다. 그러한 과정은 "환난은 인내를…이루고"라는 진리로 시작한다. "환난"(tribulation)이란 "고통"(pain)을 좋게 표현한 말이다. 고통은 인내를 낳는다. 나도 여러 해 동안 나의 전 존재가 고통과 인내, 고통과 인내의 연속인 것처럼 살아왔기 때문에 이 진리를 잘 알고 있다. 한 발자국, 한 발자국이 고통이고, 한 달 한 달 지나가는 것이 고통스러웠다. 나는 왜 내가 그러한 고통을 당해야 하는지, 하나님께서는 왜 그러한 고통을 가볍게 해주시지 않는지를 이해할 수가 없었다. 나의 그 어두운 3년 동안을 표현한다면 고통과 인내라는 단어로밖에 설명할 수 없다. 이제 4절로 넘어가 보자.

바울은 계속해서 "인내는 연단을"("patience [produces] character", 즉 "인내는 성품을") 이룬다고 말한다(4절). 여러분이 고통 가운데서 그리스도를 바라보면서 인내하면, 그러한 거룩한 인내는 성품을 이룬다. 성품이라는 말을 달리 표현한다면 "그리스도를 닮은 모습", 혹은 "그리스도의 형상"이다. 이러한 성품, 혹은 그리스도의 형상이야 말로 우리가 사야 할 정금, 불 가운데서 연단된 정금이다(계3:18). 여러분이 불과 고통을 통과하면서 인내하면, 점점 더 예수님의 형상으로 변해가게 된다. 나는 어느 날 마치 내가 자다가 깨어난 것처럼 꿈인지 생시인지가 분간이 안되어 내 살을 꼬집어 보았던 적이 있다. 그때 드디어 "나는 변화되었다! 내가 달라졌다!"는 사실을 확인했다. 그때 나는 갑자기 하나님께서 내 인생의 가장 큰 위기를 구속적인 목적으로 사용하셔서, 나를 그리스도의 형상으로 변화시켜 가시는 계기로 삼으셨다는 사실을 분명하게 깨달을 수 있었다.

본문은 계속된다. "연단은 소망을 이루는 줄 앎이로다"(4절). 우리가 하나님께서 불같은 시련을 통해서 우리 안에 경건한 성품을 만들어 나가시고 계신다는 사실을 알게 되면 우리의 마음에는 소망이 살아나게 된다. 그 소망은 빌립보서

1장 6절의 소망이다. 즉 우리 안에 착한 일을 시작하신 이가 그 일을 완성하시리라는 소망이다. 하나님께서는 도중에 화를 내시면서 손을 떼시고 "너는 아무런 소망도 없구나!" 하고 말씀하시지 않으신다. 하나님께서는 무엇인가 시작하셨으면 반드시 그 일을 끝내신다. 하나님께서는 우리의 믿음을 시작하시는 주님이실 뿐 아니라 그 믿음을 온전하게 완성시키시는 분이시다.

계속해서 5절은 이렇게 말하고 있다. "소망이 우리를 부끄럽게 하지 아니함은"(역주: "소망은 실망시키지 않나니"). 다시 말하면 이 소망은 뜬 구름이나 안개나 수증기처럼 한 순간에는 보이다가 다음 순간에는 사라져 버리는 것이 아니다. 이 소망은 불을 지나고 홍수를 겪었으며, 바다와 어둠과 거친 폭풍을 통과한 소망이다. 이 소망은 견고하며, 모든 것을 견뎌낸 강력한 소망이다. 이렇게 불로 연단한 금을 사면 팔아버리거나, 흥청망청 써버리거나, 다른 것과 바꾸거나, 잃거나, 소홀히 하거나, 버리지 않는다. 불로 연단하는 과정을 겪으면서 산 것은 간직하고 지켜야 한다. 이렇게 해서 나온 금이 바로 그리스도의 형상이며, 영원한 보배이며, 그러한 성품이야 말로 영원히 우리 것이다. 이렇게 불같은 시련을 통과하면서도 살아남은 소망은 결코 우리를 실망시키거나 부끄럽게 하지 않을 것이다. 그러한 소망은 인생의 가장 깊은 골짜기에서 하나님의 사랑을 증명해 준 소망이기 때문이다.

그러나 우리가 이러한 불같은 시련을 통과했다면, 이러한 소망의 대상은 무엇인가? 우리가 소망하는 것, 바라는 것은 무엇인가? 이 질문에 대한 대답은 다시 뒤로 돌아가서 2절에 있다. "우리가… 하나님의 영광을 바라고 즐거워하느니라" 우리의 마음을 가득 채우는 소망은 이것이다. 즉 하나님께서 우리를 이렇게 큰 환난을 통과하게 하시는 이유는 우리를 위해서 아주 큰 영광을 준비하시고 계시기 때문이다. 우리가 하나님께서 우리의 고통을 통해서, 우리의 성품을 점점 더 예수님처럼 변해가도록 만들어 가고 계시다는 사실을 깨닫게 되면, 우리의 영혼 가운데는 하나님께서 우리에게 개인적으로 하나님의 영광을 대면하여 경험하도록 해주실 준비를 시켜가고 있으시다는 소망이 점점 자라가기 시작한다. 이제 우리는 이 세상에서 뿐 아니라, 앞으로 올 세상의 우리 안에서, 그리고 우리를 통해서 하나님의 영광이 나타나게 될 것이라는 사실에 대해서 점점 더 큰 확신이 생기게 된다! 소망이란 우리의 심령을 기대감으로 가득 차게 해서 그 영광이 임하는 날까지 견딜 수 있도록 해준다.

나는 우리들 가운데 어떤 사람들이 지금 하나님을 기다리고 있으며, 아직 이루어지지 않은 소망을 붙들며 큰 고통을 지나고 있다는 사실을 알고 이 장을 썼다. 용기를 내기 바란다. 여러분이 인내한다면 여러분의 성품은 그리스도의 형상으로 변하게 될 것이다. 그런 일이 일어나는 것을 보게 되면, 하나님께서는 그 선하신 일을 다 끝내실 것이며, 여러분을 영광으로 인도하실 것이라는 사실을 알게 되면서 여러분의 마음은 소망으로 충만해 지게 될 것이다.

"주여 이제 내가 무엇을 바라리요"(시39:7)

나는 바로 이 영광의 소망을 기다린다!

"오 하나님, 주님께서 하늘을 가르시고 강림하시든지, 혹은 하늘 문을 여시고 나를 데려 가시든지 상관이 없사오나, 주님의 영광을 보아야만 하겠나이다! 제가 기다리며, 인내하고 사모하는 모든 것은 바로 주님의 영광이니이다! 저는 이 소망 때문에 주님을 기다릴 것이며, 순결을 지키고 내 자신을 부인하며, 선한 일에 힘쓰고, 주님의 말씀 안에 거하겠나이다. 주님의 영광을 보기 위해서라면 제가 무엇이든지 다 하겠나이다. 저에게 주님 얼굴의 아름다움을 보여 주옵소서. 저의 마음에 지혜와 계시의 영으로 주님의 이름을 선포하시옵소서. 저는 단지 주님을 알아야겠나이다! 주님께서 저에게 주님의 영광을 보여주시지 않으시면 죽을 것 같나이다. 오, 주님, 언제 임하시려나이까? 저의 눈물을 외면하지 마옵소서. 저의 부르짖는 간구에 귀를 막지 마시옵소서. 원하건대 주의 영광을 제게 보이소서!"

Chapter 9

오늘이
바로 그 날이다

하나님의 영광이 임하고 있다! 하나님께서 친히 곧 자신의 백성들을 찾아오시려고 하신다. 우리가 해야 할 일은 준비하고, 정신을 차리고, 시대의 표적을 분별하면서 기다리는 것이다.

우리는 지금 전략적으로 중요한 시대에 살고 있다. 세 번째 천년기로 발을 들여 놓으면서 그리스도의 몸 전체에 어떤 기대감이 일어나고 있다. 성령님 안에서 여러 가지 일들이 일어나고 있다. 세계 모든 곳에 우후죽순처럼 기도의 집이 생겨나서, 영광의 돌파구를 보내 주시기를 간구하는 필사적인 마음을 하나님께 표출해 드리고 있다. 저 멀리 지평선에는 휘몰아치듯이 진입해 들어올 하나님의 거룩하신 임재하심의 천둥구름이 뭉게뭉게 모여들고 있는 것이 보인다. 깨어있는 사람들의 심령들에는 아주 큰 기대감들로 채워지고 있다.

제 삼일

우리는 그리스도께서 오신 이래로 세 번째 천년으로 들어섰다. 우리는 지금 "주께는 하루가 천 년 같고 천 년이 하루 같다는"(벧후3:8) 사실을 기억하면서, 교회 역사의 "제 삼일"로 들어섰다. 즉 한 천년의 세 번째이다.

나는 예수님께서 제 삼일, 즉 다음 천년 동안에 오실 것이라고 믿는다. 예수님께서 가나의 혼인잔치에서도 삼 일째 되던 날에 기적을 행하셨던 것처럼(요2:1), 신약시대의 제 삼일에 어린양의 혼인잔치를 여실 것이다. 또한 주님께서 제 삼일에 무덤에서 부활하셨던 것처럼, 어린양의 신부도 제 삼일에 부활하여 영화로운 상태로 들어가게 될 것이다. "여호와께서 이틀 후에 우리를 살리시며 셋째 날에 우리를 일으키시리니 우리가 그의 앞에서 살리라"(호6:2). 예수님께서는 "너희가 이 성전을 헐라 내가 사흘 동안에 일으키리라"(요2:19)고 하셨다. 사실 이 말씀은 예수님의 진정한 성전인 교회를 "삼일 만에" 일으키시리라는 말씀에 대한 예언이었다. 삼 일이란 예수님께서 지상 사역을 하신 후인 세 번째 천년을 말한다.

아마 여러분은 이렇게 생각할 것이다. "큰일이군요! 그렇다면 예수님께서 지금부터 935년 후에 오시면 어쩌지요? 그렇다면 그것은 지금 여기서 그렇게 큰 기대감을 가지고 살아갈 용기가 나게 해주는 일은 아니잖습니까?"

그렇기도 할 것이다. 그러나 이렇게 생각해 보기 바란다. 예수님께서는 사흘째 되던 날 아침 일찍 죽은 자들 가운데서 부활하셨다! 예수님의 부활이 사흘째가 시작되던 시점인 "아직 어두울 때에"(요20:1) 있었다면, 예수님께서 제 삼일의 이른 시간에 자신의 신부를 죽은 자 가운데서 일으키실 것이라고 믿는 것이 합당한 일일 것이다!

또한 하나님의 영광이 강력하게 나타나는 사건들은 그리스도께서 재림하시기 전에 지구에 임하게 된다. 다시 말하면 역사의 이 마지막 날(천년)에는 하나님의 영광이 과거에 전례가 없던 놀라운 방식으로 지구 위에 나타나게 될 것이다. "이 날은 여호와께서 정하신 것이라 이 날에 우리가 즐거워하고 기뻐하리로다"(시118:24). 기뻐할 준비를 하라. 하나님의 영광이 곧 임하시리라! "그 날이 와서 이루어지리니 내가 말한 그 날이 이 날이라"(겔39:8).

나는 마지막으로 영광이 제 삼일에 임하는 것에 대해서 말해주는 성경 본문을 살펴보면서 이 책을 마치려고 한다.

> 여호와께서 모세에게 이르시되 내가 빽빽한 구름 가운데서 네게 임함은 내가 너와 말하는 것을 백성들이 듣게 하

며 또한 너를 영영히 믿게 하려 함이니라 모세가 백성의 말을 여호와께 아뢰었으므로 여호와께서 모세에게 이르시되 너는 백성에게로 가서 오늘과 내일 그들을 성결하게 하며 그들에게 옷을 빨게 하고 준비하게 하여 셋째 날을 기다리게 하라 이는 셋째 날에 나 여호와가 온 백성의 목전에서 시내 산에 강림할 것임이니 너는 백성을 위하여 주위에 경계를 정하고 이르기를 너희는 삼가 산에 오르거나 그 경계를 침범하지 말지니 산을 침범하는 자는 반드시 죽임을 당할 것이라 그런 자에게는 손을 대지 말고 돌로 쳐죽이거나 화살로 쏘아 죽여야 하리니 짐승이나 사람을 막론하고 살아남지 못하리라 하고 나팔을 길게 불거든 산 앞에 이를 것이니라 하라 모세가 산에서 내려와 백성에게 이르러 백성을 성결하게 하니 그들이 자기 옷을 빨더라 모세가 백성에게 이르되 준비하여 셋째 날을 기다리고 여인을 가까이 하지 말라 하니라 셋째 날 아침에 우레와 번개와 빽빽한 구름이 산 위에 있고 나팔 소리가 매우 크게 들리니 진중에 있는 모든 백성이 다 떨더라 모세가 하나님을 맞으려고 백성을 거느리고 진에서 나오매 그들이 산 기슭에 서 있는데 시내 산에 연기가 자욱하니 여호와께서 불 가운데서 거기 강림하심이라 그 연기가 옹기 가마 연기 같이 떠오르고 온 산이 크게 진동하며 나팔 소리가 점점 커질 때에 모세가 말한즉 하나님이 음성으로 대답하시더라 (출19:9-19)

하나님께서는 제 삼일에 영광으로 백성들을 찾아가실 것이라고 하시면서 그들에게 준비시키라고 지시하셨다. 그래서 백성들은 자신들을 거룩하게 구별하고, 배우자들은 부부관계를 삼가고, 옷을 빨았다.

그리고 제 삼일 일찍 "아침"(16절)에 이스라엘 백성들은 일어나자마자 시내산에 하나님의 영광이 임하여 있는 것을 보았다. 그들의 감각기관들은 산위에 나타나신 하나님의 영광에 강력하게 노출되었다. 무엇보다도 백성들은 하나님의 영광을 눈으로 보았다. 번개와 짙은 구름과 연기와 불로 나타나는 모습이었다. 두 번째로 그들은 하나님의 영광을 귀로 들었다. 그들은 천둥소리와, 큰 나팔 소리를 들었으며, 그 후에 나오는 하나님 자신의 목소리를 들었다. 세 번째로 그들은 하나님의 영광을 느꼈다. 그들은 온 산이 진동하며 흔들리는 것을 몸으로 느꼈다.

하나님의 영광을 대면하여 만나는 이 사건은 얼마나 경이롭고 놀라우며, 또한 얼마나 두렵게 만드는 광경이었겠는가? 하나님께서는 이스라엘 백성들에게 그들의 언어인 히브리어로 말씀하시면서, 우리가 "십계명"이라고 부르는 것을 하나씩 말씀하셨다(출20:). "그 보이는 바가 이렇듯 무섭기로 모세도 이르되 내가 심히 두렵고 떨린다 하였느니라"(히 12:21).

지금 우리는 제 삼일에 살고 있다. 그러므로 제 삼일은 바로 오늘이다. 우리의 오늘은 교회사의 마지막 날이다.

"너희가 오늘 그의 음성을 듣거든 너희는 므리바에서와 같이 또 광야의 맛사에서 지냈던 날과 같이 너희 마음을 완악하게 하지 말지어다"(시95:7-8). "오직 오늘이라 일컫는 동안에 매일 피차 권면하여 너희 중에 누구든지 죄의 유혹으로 완고하게 되지 않도록 하라"(히3:13). 하나님의 영광이 임하고 있다… 바로 오늘이다.

성령님께서는 "준비하라, 너희 자신을 성결하게 하라. 오늘 내가 너희 가운데 영광으로 임하리라"고 말씀하고 계신다.

이것이 바로 우리가 검소하게 생활해야 할 이유이며, 또한 이것이 우리가 우리의 마음을 주님께로 점점 더 구별하여 드리는 삶을 살아야 하는 이유이며, 이것이 우리가 급진적으로 순종하는 일에 전념해야 하는 이유이다. 이것이 바로 24/7의 경배와 중보기도 운동(일주일에 7일, 하루에 12시간 연속 연합기도)이 전 세계에서 일어나고 있는 이유이다. 우리는 영광이 곧 임하리라는 것을 알고 있다. 그래서 우리는 우리 자신을 준비하고 있는 것이다. 그것은 제 삼일은 바로 오늘이기 때문이다.

다가오는 영광이 임할 때 나타날 특징들

나는 모세가 경험했던 영광의 강도가 점점 더 강해졌던 것과 마찬가지로, 그리스도께서 다시 오시는 날이 다가오면서 하나님의 영광이 나타나는 강도도 점점 더 강해질 것이라고 믿는다. 모세가 하나님의 영광을 대면하여 보게 되는 일도 처음에는 불붙은 가시 떨기나무와 지팡이가 뱀이 되는 수준에서 시작했다. 그 다음에는 애굽 땅에 열 가지의 파괴적인 재앙으로 수준이 높아졌다. 그 다음에는 홍해를 가르시고, 바로 왕의 군대를 수장(水葬) 시켜버리실 정도로 훨씬 높아졌다. 시내산에 임하실 때는 나타나시는 하나님의 영광의 정도가 그보다 더 높아져서, 하나님께서 말씀하시는 음성이 온 백성들의 귀에 다 들리게 될 정도였다. 모세는 그때 시내산으로 올라가서 음식이나 마실 물도 없이 80일 동안을 화염 가운데 살았다. 그리고 마침내 모세는 하나님의 등을 보았다. 모세가 경험한 하나님의 영광의 정도는 점점 더 커지다가, 절정에 이르러서는 하나님 자신을 눈으로 보게 되었다. 마찬가지로 우리가 이 마지막 시대에 경험하는 하나님의 영광의 정도도 우리가 마침내 하나님과 얼굴을 대면하여 뵙게 되는 날까지 계속해서 커지게 될 것이다.

사랑하는 여러분들이여, 내가 지금 여러분에게 하고 있는 말은 단지 공상같이 지어낸 이야기이거나, 그랬으면 하고 바라는 이야기가 아니다. 이것은 절대적으로 곧 일어날 사건이다. 하나님의 영광은 그 범위가 점점 더 확대되면서 하나님의 교회에 임하시게 될 것이다. 그리고 그러한 폭발적인 사건의 충격은 지구의 모든 구석구석에서도 다 느껴지게 될 것이다. 이러한 영광이 임할 때 일어나는 특징들은 다음과 같다.

- * 성도들은 그리스도의 얼굴을 구하는 열심이 불이 붙게 될 것이다.
- * 박해와 순교가 급격하게 증가하게 될 것이다.
- * 기사와 표적과 기적들이 폭발적으로 일어나게 될 것이다.
- * 영혼들이 엄청난 숫자로 주님께 돌아오게 될 것이다.
- * 요한계시록 16장에 나오는 것같이 하나님의 시대 끝 심판이 대재앙으로 임해서 지구가 황폐하게 되며, 사람들은 하나님께 대하여 분노하게 될 것이다
- * 교회는 더 정결하게 되며, 경외하는 두려움이 있게 될 것이다.
- * 유사교회(즉 거짓 종교제도)들은 더 완악해지게 될 것이다.

이러한 영광이 지금 임하고 있다! 주님의 말씀을 듣기 바란다. "여호와께서 은혜와 영화(glory, 영광)를 주시며"(시 84:11). 이미 마음에 결정을 하신 하나님께서 맹세하셨다. "내가 이 성전에 영광이 충만하게 하리라"("I will…", 학 2:7). "그러나 진실로 내가 살아 있는 것과 여호와의 영광이 온 세계에 충만할 것을 두고 맹세하노니"(민14:21)

또한 이러한 영광이 임할 때에는 조금씩 똑똑 떨어지거나,

여기 조금, 저기 조금 깔리는 안개처럼 임하시지 않을 것이다. 절대로 그렇지 않다. 하나님의 말씀은 이러한 영광이 지구로 진입해 들어오는 모습에 대해서 어떻게 묘사하고 있는지를 들어보기 바란다. "이는 물이 바다를 덮음 같이 여호와의 영광을 인정하는 것이 세상에 가득함이니라"(합2:14). 성령님께서는 지금 땅에 물을 뿌리는 정도가 아니라 세상이 완전히 물에 잠기는 모습을 그려주고 계신다. 이렇게 다가올 영광은 하나님의 권능과 거룩하신 심판으로 온 세상을 온통 홍수처럼 뒤덮어 버리게 될 것이다.

오, 내 영혼아, 오 내 영혼아! 내가 이러한 영광에 대해서 생각할 때마다 내 마음은 내 속에서 불타는 듯하다. 그래서 나는 이게 무엇인가 하고 주위를 둘러본다. 그리고는 마음이 매우 불안해 진다. 나의 심령에는 흥분이 일어난다. 내 마음은 쉬지 못하며, 나의 영혼에서는 소용돌이가 일어나기 시작하며, 약간은 정신이 혼란스러워지고, 감정이 예민해 지기도 한다. 그러면서 이렇게 생각하기 시작한다. "나에게 지금 뭐가 잘못되었지? 내가 왜 보통 때처럼 바쁜 일과에 대해서 전혀 만족함이 없지? 다른 사람들은 다 충분히 행복해 보이는구나. 다른 사람들은 우리가 아는 대로의 임재하심의 영역으로 들어가는 것만으로도 만족하는 것 같은데…나에게 이런 생각이 드는 것이 옳은 일인가? 내 마음 속에서 불타는 듯이 일어나고 이렇게 간절하게 사모하는 마음은 도대체 무엇이란 말인가? 나는 예수님의 달콤한 임재하심으로 그렇게나 만족함을 누리지만, 동시에 그렇게나 만족스럽지 않은 이유는 무엇인가? 나에게 무엇이 잘못되었는가? 도대체 이게 무엇인가?"

바로 그때 주님께서 나에게 이러한 현상에 대해서 성경이 말씀하는 단어를 하나 알려 주셨다. 그것은 "사랑하므로 나는 병"(악2:5; 5:8), 즉 상사병(相思病, lovesickness)이었다. 나는 주님을 그렇게나 많이 사랑한다. 나는 사랑으로 병이 났던 것이다. 나의 사랑이 충만함으로 보상받지 못했기 때문에 병이 난 것이다. 하나님께서 여전히 나로부터 거리를 두시고 계시기 때문에 내가 사랑으로 인해서 병이 들게 된 것이다. 나는 주님의 아름다우심에 반해서, 오랫동안 멀리서나마 충분하게 주님의 모습을 지켜보아 왔기 때문에 이제는 내가 주님을 더 잘 알아야 하겠다. 나는 예수쟁이(Jesus junky)이다. 나는 하나님의 영광을 구하느라고 몸과 마음이 쇠잔해 있다! 도대체 내가 그 외에 무엇으로 만족할 수 있겠는가?

그래서 나는 제 삼일의 문턱에 떨리는 심정으로 서서, 하나님의 영광을 열망하고 사모하며 울며 구하고 있다. 나는 주님을 보아야만 하겠습니다! 저는 주님의 음성을 들어야만 하겠습니다! 오, 나의 사랑하는 주님, 저에게 오시옵소서! 제가 죽을 것 같나이다! 저에게 주님의 영광을 보여주소서!

"주께서 어느 때나 내게 임하시겠나이까"(시101:2)

"그러므로 성령이 이르신 바와 같이 '오늘'"(히3:7)

아멘!